新しい学校教育相談の在り方と進め方

――教育相談係の役割と活動――

栗原　慎二

ほんの森出版

目　次

はじめに …………………………………………………………………6

第1章　学校教育相談についての基本的な考え方……………13
　　　　学校教育相談は「教育」か「教育を支える活動」か？…………13
　　　　教育相談は教師の心構えか？……………………………………15
　　　　学校教育相談の仕事は明確なガイドラインがあるか？………16
　　　　教育相談はスクールカウンセラーと相談員の仕事か？………18
　　　　教育相談とは「個人カウンセリング」か？……………………19
　　　　教育相談は「心の問題」を扱うか？……………………………21
　　　　教育相談係の役割は「カウンセラー」か？……………………22
　　　　学校教育相談と普通のカウンセリングの技法は同じか？……24
　　　　何とかできれば「理論」はいらないか？………………………26
　　　　学校教育相談に資格は必要か？…………………………………27
　　　　教育相談は生徒指導の役に立たないか？………………………28

第2章　学校教育相談の輪郭………………………………………31
　1　学校教育相談の方向性……………………………………………31
　　　　教育相談に対する教師の意識調査………………………………32
　　　　調査結果から言えること…………………………………………33
　　　　学校教育相談の方向性……………………………………………37
　2　学校教育相談の全体像……………………………………………38
　　　　狭義の学校教育相談（学校カウンセリング）…………………38
　　　　基盤としてのアセスメント………………………………………41
　　　　プロモーション活動と統合活動…………………………………43

　　　　カウンセリング活動の三領域と関係者の活動 …………………44
　　　　「学校カウンセリング」「学校教育相談」「教育相談」の区別 ………46

第3章　学校教育相談活動の実際 …………………………………51
　1　教育相談担当者の視点 …………………………………………51
　2　組織的活動のための基盤を作る ………………………………54
　3　現場の治療的ニーズにどう応えるか …………………………58
　　　　治療的相談活動の位置づけと構造 ………………………58
　　　　治療的相談活動の実際 —— チーム援助 …………………59
　　　　危機対応という視点 ………………………………………67
　　　　相談室の活動 —— 二つの働き ……………………………71
　4　予防的教育相談 …………………………………………………78
　　　　スクリーニングの方法 ……………………………………78
　　　　援助の方法 …………………………………………………80
　5　開発的教育相談 …………………………………………………85
　　　　開発的教育相談を生み出すために ………………………85
　　　　教材開発の視点 ……………………………………………89
　　　　予防的開発的活動の実際 …………………………………91
　　　　進路指導と教育相談のタイアップの例 …………………95
　　　　予防的開発的活動の重要性 ………………………………99
　6　学校教育相談の定着を図るために ……………………………100
　　　　三種類の研修 ………………………………………………101
　　　　活動上の留意点 ……………………………………………107

第4章　学校教育相談論の歴史と分析 ……………………………113
　1　学校教育相談の歴史的分析 ……………………………………113
　　　　ミニクリニックモデル ……………………………………113
　　　　両輪論 ………………………………………………………116

		役割分担論 …………………………………………………118
		生徒指導の中核論…………………………………………120
		カウンセリングマインド論 ………………………………122
	2	学校教育相談観の歴史的総括 …………………………………124
	3	学校カウンセリング観の歴史的総括 …………………………125
	4	学校教育相談の現状分析 ………………………………………126
		スクールカウンセラーの活動と教師カウンセラーの役割 ………126
		学校カウンセリングへの批判 ……………………………129
		歴史分析と現状分析から見えてくるもの ………………132
	5	学校教育相談の未来 ……………………………………………132
		最近の動向から ……………………………………………138
		これからの学校教育と学校教育相談 ……………………141

引用・参考文献 …………………………………………………………143

おわりに……………………………………………………………………146

はじめに

教育相談に対する思い

　教師になった年、たまたま教育相談係となり、それから私の教育相談とのかかわりが始まりました。当初は、たまたま請け負った分掌の仕事にすぎなかったわけですが、自分なりにカウンセリングを学び、その中で「ここに教育を質的に変革するための何かがある」という感覚をもつようになり、その何かに惹きつけられて、気がついたら、今日まで教育相談にかかわり続けてきました。

　教育相談に取り組み始めた当時は、校内暴力の嵐がまだおさまっていない時期で、教育相談あるいは教育相談担当者に対して、あからさまに批判をしてくる先生方も少なからずおりました。そうした中で、私の心の中にあった思いは、「教育相談に否定的な先生もいるけれど、教育相談の必要性はまちがいない。アンチ教育相談の先生方だって、価値観でガチガチに固まった一部の先生を除けば、ほとんどの先生は何となく教育相談の必要性を認識している。それでも否定的だったり消極的だったりするのは、その先生方の問題というよりも、現状の教育相談が学校教育のなかにうまく位置付くものになっていないことに問題があるのではないだろうか。必要なのは、学校教育にしっかりと位置付く教育相談を生みだすことだ。そうしなければ、アンチ教育相談の先生方を取り込むことはできないし、取り込めなければ教育相談は学校教育に根付かない。もし学校教育の中に教育相談がきちんと位置付くことがなければ、おそらく教育は子どもたちから遊離してしまう。それは子どもたちにとっても不幸なことだし、教育も信頼を失うことになる。」というものでした。

　こうした思いを持ちながら2校の県立高校で十数年、教育相談係として同じ志をもつ先生方とともに教育相談活動を立ち上げ、活動をしてきまし

た。私も20代、30代の時期で、振り返ってみると、ほとんど勢いに任せて思いついたことをやってきたという十数年でした。

近年、いろいろなところに呼ばれることが多くなり、それにともなってさまざまな質問を受けるようになりました。その中で非常に多い質問が、「教育相談が大切なのはよくわかるし、だからこそ相談係として何とか教育相談を定着させたいと思って活動しているのだが、どうもうまくいかない。どうすればいいのか」という質問や、「相談係になったのだが、何をやればいいのか見当がつかない。まず何からはじめればいいのか」という質問です。

実は、この問いは私自身が相談係として十数年間ずっと抱き続けてきた問いでもあります。この本は、こうした問いを抱きながら実践をしてきた私が実際にやってきたこと、あるいは、「こんなふうにしてみたら、こんなふうに考えてみたら、ひょっとしたら今までとはちょっと違った展開が起こるかもしれない」と思っていることをまとめたものです。

教育相談は、数値で見えるような結果が出にくい教育活動ですし、華々しいものではありません。しかし、私と同じような問題意識をもちながら、ほとんど報われることのない実践を地道になさっている先生方の応援になれば、と思って書いてみました。

私と学校教育相談

まずは、私が何を考えながら学校教育相談に取り組んできたのか、どのような学校教育相談を創造しようとしてきたのかを、かいつまんでご紹介します。

私が教師になった1980年代には、「教育相談の専門家」と同僚からみなされている人が、不登校などの難しい生徒を請け負って、個人カウンセリ

ングをするという「ミニクリニックモデル」とも言うべき個人面接中心の活動が主流でした。ただ実際には、係は一応いるが開店休業状態だったり、何もしていないという学校が7、8割を占めていました。活動している場合でも、学校全体が組織的に動くような活動をしているケースはほとんどなく、個人営業の「ミニクリニック」が学校の片隅で開設されているといった形態のものがほとんどでした。

　当時は、「教育相談は生徒を甘やかす」「教育相談は学校教育にとって有害」というかなり否定的な考え方も少なくない時代でした。実際、私の周囲にもそういう方々がいましたし、そこまで否定的ではなくとも、教育相談は「熱心な先生がいるときだけのボランティア活動」「あってもいいが、なくても困らない活動」というとらえ方が一般的だったように思います。教育相談室が学校の中にあっても、学校教育の中にあるという感じではありませんでした。

　私自身、常勤講師として学校に入ってはじめて教育相談に触れたときの感想は、「へえ、教育相談っていう活動もあるんだ。教師でもカウンセリングとかいうものをやる人もいるんだ。でもそんなことでどうにかなるのかなあ？」といった程度のもので、その必要性を感じることはまったくありませんでした。

　翌年、教師として正式に採用されることになったのですが、"体育会系で体の大きい"私は、生徒指導をバリバリやることを期待(?)されて管理職から生徒指導部に所属するように言われました。そして、その生徒指導部の年度当初の会議で、新任の私は、やり手のいなかった落とし物係と教育相談係を引き受けることとなったのです。落とし物係の仕事は何となくわかるのですが、相談係の仕事はさっぱりわかりません。同じ会議の席にいた先輩の教師にこっそり聞いたところ、「年に1、2回出張があるから、それに行けばいいんだよ」と言われ、釈然としないままに、「そんなものなのかなぁ」と思ったのを憶えています。教育相談もカウンセリングも、また教育学部卒ではなかったので、実は教育もまったく知らなかった私が、こ

のようにして教育相談とかかわるようになったわけです。

　右も左もわからない状態で教育相談係になったのですが、さいわい私の勤務校には教育相談に造詣の深い先生がおられ、教育相談の基本、生徒理解の重要性、カウンセリング技法や理論などを学ぶことができました。そして、教育相談に関心を持つ仲間たちと手探りで相談活動を始めていったわけです。ただ、活動をしながらも「教育相談係の仕事は何なのか」ということについては、どうしてもその輪郭がつかめないままでした。

　その後数年間、私は、「教育相談とは何なのか」という問いに対する答えを求めて、教育センターの研修会や民間の研修会を探してはジプシーのように歩き回っていました。そして徐々にわかってきたことは、「教育相談やカウンセリングの技法を知っている人はたくさんいるし、達人も少なくない。でも、学校でどのように教育相談をやっていったらいいかを具体的にちゃんとわかって実践している人は、どうやらあまりいないらしい」ということでした。

　また、これまでの学校教育相談の在り方についても疑問を抱くようになっていきました。その疑問とは、「教師は心理の専門家ではないし、個人面接中心のクリニックスタイルの活動には無理がある。それに学校は治療機関ではなく教育機関だから、援助と教育の原理に基づく学校独自の治療的活動を作っていかなければ、恐らく教育相談はいつまでも学校教育の中に根付かないだろう。また、たとえ個人的に優れた力量の人がいても、過度に個人的力量に依存した活動では、それこそその人が転勤したら消滅してしまう。それでは学校としての教育相談活動とは言えない。さらに、援助ニーズはすべての生徒にある以上、教育相談は一部の教師による一部の生徒のためのものにとどまっていてはならないはずだ。どうしたら、すべての教師によるすべての生徒のための教育相談活動を展開することができるか。それを考え、実行に移すことが教育相談係の本来の役割であるはずだ」というものでした。

これは十年を経た現在も基本的には変わっていません。

このようなわけで、私の教育相談係としての実践は、「ミニクリニックモデルではない学校教育相談」像を模索することから始まりました。活動の方向性としては、治療的というよりは開発的予防的、個別対応型というよりは集団教育型、密室型というよりは開放型、個人プレー型というよりは組織的対応型、請負型というよりはチームによる役割分担型、待つ教育相談というよりは打って出ていく教育相談を模索していきました。

ただ、こうした活動を「教育相談部の活動」と考える発想は、当時は教育相談にかかわっている先生方の間でも共通認識になってはいませんでしたし、ましてや一般の先生方の教育相談観とはまったく異なっていました。また、私たち自身も具体的な方法論をもっているわけではありませんでしたので、考えを具現化していくためには、目の前に現れる具体的課題に取り組む中で戦略をねり、理論付け、実践的に解決していくという方法しかありませんでした。

誤解のないようにあえて書いておきますが、私たちは、それまでの学校教育相談を否定するという発想に立って活動をしてきたのではありません。私も体験がありますが、先に述べたように、ほんの十年前にはあからさまに教育相談に敵意を向ける教師もかなりいましたし、教育相談の必要性を否定する発言も少なくありませんでした。そのような逆風の中で学校規模での活動が困難なのは当然ですし、むしろその中でも一人ひとりのニーズに丁寧に応えていく教育相談活動を展開し、教育相談の灯を絶やさなかったことに先輩方の教育相談にかける思いを見るような気がします。そして、そのような地道な実践が、今日の教育相談の必要性の認識の下地になっていることは疑うべくもありません。

しかし、残念ながらその実践は、「熱心な先生がいるときだけのボランティア活動」「あってもいいが、なくとも困らない活動」と捉えられていた

こともやはり事実であると思います。私たちがめざしたのは、一人ひとりの個別の相談に応じるという教育相談の核とも言える活動を一つの基盤としながらも、それを越えて、相談係が積極的に生徒たち一人ひとりの援助ニーズをさぐり、個人あるいは集団のためのプログラムを作り、その実行のためのチームやシステムを作り、こちらから介入するというアプローチです。そのようなアプローチこそ、優れて教育的であり、学校教育相談ならではの活動だと思います。そしてこのような活動が定着したとき、教育相談は「あってもいいが、なくとも困らない教育相談」の域を脱して、「学校教育になくてはならない教育相談」へと脱皮するのではないか、そのような教育相談活動を創造していくことが教育相談係の仕事ではないか、と考えるようになっていったのです。

本書の目的と構成

本書の目的は、「学校教育相談が学校でうまく機能するには、現実的に、あるいは実践的にどのように考え、何をしたらいいのか」という問いに、理論的、実践的に迫ろうということです。

第1章では、「学校教育相談についての基本的な考え方」に触れました。
いくら実践的とは言っても、方向性もはっきりしないままに走り出しては、どこに行ってしまうかわかりません。私が教育相談をどのように考えているか、その大枠を示してみました。
第2章では、「学校教育相談の輪郭」です。第3章で学校教育相談の具体的な活動を細かくみる前に、その全体像ををつかんでおこうということです。
第3章は、「学校教育相談活動の実際」と題して、学校教育相談の実践について具体的なノウハウを含めて書いてみました。本書の中核となる部分です。

第4章は「学校教育相談論の歴史と分析」と題して、学校教育相談を歴史的に分析し、将来を展望してみました。

　自分自身がどのような立場にあるのかを知るとき、自分のなすべき行動が見えてきます。この章は、私たち学校教育相談に携わる者が、歴史的にどのような課題を担ってこの21世紀初頭にいるのかを考えてみました。

　さて、この本は実践を元に書かれていると述べました。現在、私が勤務している学校は、首都圏郊外に位置する学級数24、生徒数約900名、教職員数50名ほどの普通科高校です。10年ほど前は30学級で生徒数は1350名を越える大規模校でした。前任校も同様の規模の学校で、このような学校での実践を元に書いていますので、書かれていることの中には、地方の学校だったり、小規模校だったり、校種が違ったりすれば当てはまらないところも当然多々あるかと思います。こうした学校のこともなるべくカバーしたいと考えながら書いてはいますが、それにしても私の守備範囲を超えてしまいます。

　また、この本を読まれる方の中には、スクールカウンセラーや心の教室相談員の方もおられると思いますが、そうした方々の活動についても、私の見識は各種の研修会でご一緒した方々の実践を教えていただいているレベルであって、十分ではありません。ですから、そうした場合には、「私の学校には、私の立場ではどのように応用できるだろうか」という視点を持ちながら読んでいただけると助かります。

　また、当然のことですが、私たちの実践がしっかりと定着して揺るぎのないものになっているというわけでもなく、非の打ち所のない実践であるというわけでもありません。今も直面する課題に対して試行錯誤をくり返しながら奮闘努力している真っ最中です。ですからこの本の中には、実際にはできていないことでも「理想的にはこうやればよい」「こんなふうにやったらきっとうまくいく」という視点で書かれていることも少なからず出ていることもご承知おきください。

第1章
学校教育相談についての基本的な考え方

> 　その町では靴を履くという習慣がなかった。ある時、その町に靴商人がやってきた。彼は町の人がみな裸足なのをみて、会社に連絡を取った。「ダメです。この町では靴は売れません。誰も靴を履いていないのですから」
> 　しばらくして、別の靴商人がこの町にやってきた。彼は町の人がみな裸足なのをみて、会社に連絡を取った。「大急ぎで靴を送ってください。それも、たくさん。この町では誰も靴を履いていないのですから」

　ものの見方・考え方は、状況を大きく変えます。私たちが学校教育相談をどのように考えるかによって、状況は大きく変わるということです。
　この章では、学校教育相談を進めていくにあたって必要と思われる「ものの見方・考え方」について述べてみました。

学校教育相談は「教育」か「教育を支える活動」か？

　学校教育相談は教育でしょうか？　それとも教育を支える活動なのでしょうか？
　学校教育は学習指導と生徒指導の二つを柱にして成り立っているわけですが、その生徒指導のなかに教育相談は位置づけられています。この二つ

の指導を通じて、教育基本法に書かれている「人格の完成」をめざすことになります。

 ところで、人格形成を直接的に支援する教育活動は、主に「道徳」と「特別活動」ということになると思いますが、高等学校や中学校の学習指導要領には、特別活動の目標として、「望ましい集団活動を通して、心身の調和の取れた発達と個性の伸長を図り……」と書かれています。さらに読んでいくと「青年期の特質の理解、自己の個性の理解」とか「個人的な不安や悩みの解消」「集団生活における人間関係の確立」などと書かれています。

 これを読んでどのようにお感じになりますか？ 私は、「これって学校教育相談のノウハウをそのまま生かせるじゃないか！」「エンカウンターやグループワークの方法論などはぴったりではないか！ これはまさに学校教育相談の出番だ！」と思ってしまいます。

 くどくなりましたが、要するに言いたいことは、「学校教育相談は教育そのもの」なのだということです。

 こう書くと「そんなこと、当たり前ではないか」という声が聞こえてきそうですが、実態はそうでもないように思われます。先生方は本当に学校教育相談を「教育」と思っているでしょうか。

 「僕は授業がちょっと苦手だから、先生、代わりに頼むよ」などという先生がいたら非常識だと誰もが思うでしょう。では、「僕は教育相談はちょっと苦手だから、先生、代わりに頼むよ」という発言を非常識だと思いますか？ そうでもないですよね。実際に耳にすることもあると思います。しかし、なぜ前者の発言は非常識で、後者は非常識ではないように聞こえるのでしょうか。もし、授業と学校教育相談を同じように重要な教育活動ととらえているなら、「僕は教育相談は苦手だから……」という発言はおかしな発言ということになるはずです。

 もう一つ。教育相談係をしていて、「これは、本当は全部の先生方にお

願いしたいんだけれども、ちょっと無理かなあ」と弱気になってしまうことはありませんか。実は私も少なからずあるのですが、でも、「教育相談は教育活動なんだから、言うべきところは言う。やってもらうべきことはやってもらう」という強気の姿勢が必要な場面もあるような気がするのです。

たとえば、不登校がこれだけ社会問題になっている今、教育相談係が、「エンカウンターをクラス開きでやりましょう。これは効果が検証されています。係でできるだけ簡単なプログラムを用意します。やり方については学年会で説明します。」ぐらいのことを言ってもいいのではないか、むしろ言わなくてはいけないのではないか、と思ったりするということです。

そうは言っても、学校教育相談についての理解がなかなか得られない現状では、実際にはむずかしいことだと承知しています。正直なところ、これが言えるようになったら、学校教育相談は定着したと言ってもよいでしょう。ただ、教育相談にかかわる者の心構えとして、「教育相談は教育活動なんだ。それも子どもたちの人格の成長をもっともダイレクトに支える大切な活動なんだ。だから、いつか学校全体で取り組めるようになるのが理想なんだ」という思いは、常に心の中に持っていたいと思うのです。

教育相談は教師の心構えか？

学校教育相談に対する一つの考え方として、「教育相談を学ぶことで通常の教育活動の質を高めることができる」というとらえ方があります。1998年(平成10年)に中央教育審議会が出した答申「幼児期からの心の教育の在り方について」の中には、"教員はカウンセリングマインドを身につけよう"という一節があり、その中には「これからの教師にはまずカウンセリングマインドを持つことが重要であり、その必要性は今後ますます高まっていく」と書かれていて、カウンセリングマインドが教員の重要な資質として位置づけられています。

つまり、「教育相談を学ぶことで教育活動の質を高めることができる」という考え方の背景には「教育相談は教師の心構え、あるいは態度である」とする考え方が潜んでいます。確かに私の実感としても、教育相談を学ぶことで生徒に対する見方やかかわり方が変わりましたし、具体的なスキルなども学びますから、教育相談が教師の重要な資質であり、教育の一つの機能であることに間違いはないと思います。

　ただ、ここでちょっと疑問が残ります。本当にすべての教師がカウンセリングマインドを身につければ、教育相談は必要なくなるのでしょうか。

　実は、これは教育相談のあり方の根幹にかかわる大切な問題だと思います。教育相談はすべて担任がやるべき仕事であり態度だけであるとすれば、教育相談係の領域（守備範囲）は、基本的には「ない」ことになります。極端に言えば「相談係はなくてもいい」ということになります。

　しかし、私は、各担任が教育相談的力量を付けるだけではカバーしきれない領域や対象があると考えています。それが教育相談の独自の守備領域ということになります。そして、教育相談が守備領域をもつとすれば、おのずとその対象がいるわけですし、方法論やシステムが必要になってきます。つまり、私は、教育相談は教師の資質であるとともに、学校教育における一つの領域である、と考えているということです。

　ただ、残念なことに日本の学校は、少なくとも教育現場では、「学校教育相談は学校教育に必要不可欠な領域だ」と思うところまではいっていません。「なくてもいい」とすら思っている節があります。そのような集団の中で、「なくてはならない」と思っている人間が活動を展開しようとするわけですから、ある意味では摩擦や挫折はつきものです。お互い、めげないようにしましょう。

学校教育相談の仕事は明確なガイドラインがあるか？

　学校教育相談が一つの領域であるとした場合、理想的な活動というのが

あるのでしょうか。

　アメリカの場合、アメリカスクールカウンセラー協会が1997年に作成した「スクールカウンセリングプログラムの全国基準」があります。私は残念ながら外国のスクールカウンセリング事情には詳しくないので多くは語れませんが、おそらくアメリカでは、この全国基準をガイドラインにしながら、スクールカウンセラーは自分の学校に合ったスクールカウンセリングプログラムを作成し、実践していくことになるのだと思います。

　では、日本の場合はどうなのでしょうか。全国基準という意味では学習指導要領がこれに当たりますが、その中では教育相談の実践的あり方については触れられていません。つまり日本の学校教育相談には全国基準はないということです。あえて言えば、文部省が1990年に出した生徒指導資料『学校における教育相談の考え方・進め方（中学校・高等学校編）』が、現在のところ、多少の方向性を示しているといったところです。

　またアメリカを含む諸外国では、スクールカウンセラーやスクールサイコロジスト、あるいはスクールケースワーカーといった専門家が学校に配置されていますが、日本の場合は、こうした人たちが担っているほとんどすべての仕事を教師が担うことになっています。

　おまけにアメリカなどでは、プログラムを推進するための「道具」が非常に豊富に作られていますが、日本の場合は、具体的なものとなると本当に少ないのが実態です。

　つまり、日本の場合はガイドラインもなく、担当者は十分なトレーニングを受けたこともなく、しかも道具も不足しているという状況の中で、道具を作るところから始めてオリジナルな実践をし、さらに結果を求められるという状況にあるのですから、これは正直なところ、相当に厳しい要求であると思います。文部科学省や行政のあり方に文句の一つもつけたくなるところです。ぜひ、その関係の方には、実効性のある行政施策をお願いしたいところです。

　しかし、現状が理想から遠いから、あるいは現状が困難だからといって

立ち止まっていては前に進みません。私は、「とりあえずやってみるしかない」と思いながら実践をしてきました。道がないところを歩いていくのだから、間違えて当たり前。失敗したときはその時に考えればよいと思えば、多少は気も楽です。その実践においても、三歩も四歩も先が見えていたことはありませんでした。一歩進んではじめて次の一歩がおぼろげに見えてくるものだと思います。

教育相談はスクールカウンセラーと相談員の仕事か？

1995年に文部省がスクールカウンセラー事業をはじめて以来、自治体の独自の教育相談事業にも弾みがつき、多くの人たちが学校にかかわるようになってきています。さまざまな人たちが子どもたちにかかわるようになったことは、子どもたちにとっては、基本的には良いことでしょう。実際、こうした方々の中に、学校システムの中にうまく適応して、学校教育の活性化を支援し、すばらしい成果を上げておられる方も多数います。

ただ、こうした動きの中で危惧することは、「教育相談は治療である」「教育相談は教師の役割ではない」「むずかしい生徒は相談室に預けてしまえばいい」と考える先生方が徐々に増えてきているように感じる点です。文部省(1997)などのいくつかの報告では、実際にこのような動きがあることを指摘しています。子どもたちの抱える問題の深刻化は、こうした教師の意識に拍車をかけているようです。

確かに子どもたちの抱える問題は、深刻化と複雑化の様相を示しています。専門的援助の必要性は、今後ますます高まっていくでしょう。だからといって、教育相談を専門家による治療的活動と考えるのは、すべての生徒の成長と発達を支援するという方向へ広がりを見せつつあった学校教育相談にとって、明らかにマイナスです。

いくら「心の専門家」と言われる人たちが配置されるようになったとしても、その数には限度がありますし、学級全体への集団的アプローチなどは

彼らにとっては全くの専門外です。また、最近はスクールカウンセラーの立場からの報告が増えていますが、そうしたものを読んでいると、学校教育相談に理解のある教師の存在が、円滑な活動を進める上できわめて重要であることが異口同音に述べられています。

　こうしたことを考えると、またこれからの教育相談（学校教育相談）は成長と発達を支援する方向に進むであろうと考えると、やはり学校における教育相談のキーマンは、常勤で、数も多く、さまざまな場面で子どもたちと日常的に接している教師です。もちろんそれは、スクールカウンセラーや相談員の重要性をいささかも減じるものではありません。教師が連携の中心となって、スクールカウンセラーや心の教室相談員、医療機関、大学の研究者などとチームを組んで子どもたちの問題にかかわっていくのが、これからの時代の学校教育相談であると思います。

　教育相談は教師だけの仕事ではなく、スクールカウンセラーや相談員だけの仕事でもありません。学校の仕事なのです。

教育相談とは「個人カウンセリング」か？

　「教育相談＝個人カウンセリング」と考える人が少なくないようです。
　確かに個人カウンセリングは、学校教育相談の重要な要素であることに間違いありません。しかし、それが学校教育相談の本質かというと、「それは違う」と私は思います。
　スクールカウンセリングとは何かについて、アメリカスクールカウンセラー協会が1990年に出したスクールカウンセラーの役割声明が参考になります。下線は筆者が加えてあります。

　スクールカウンセリングは、個性の尊重と潜在能力の実現をめざす教育活動①であり、幼稚園から高校までの教育課程の中で②、総合的・開発的プログラムを作り③、子ども一人ひとりの知的能力、個人的・社会的能力、

職業選択的能力を開発し、責任ある創造的市民を育てようとする営みである。

まず、①で、スクールカウンセリングは「教育活動である」ことが明言されています。「治療ではない」ということです。目的も「個性の尊重と潜在能力の開発」です。この点は、スクールカウンセラーの意識の中でもかなり明確なようで、1997年にアメリカの代表的なスクールカウンセラーであるダリル・ヤギ氏とお話ししたとき、氏は「アメリカのスクールカウンセラーの行う個人カウンセリングはdevelopmetalで、一般的に5～6回どまり。それ以上はクリニカル・サイコロジストの仕事になる」と言っておられました。

②は、スクールカウンセリングは教育課程の中で行われるということです。日本の教育相談は、ほとんど教育課程の外で行われているように思うのですが、いかがでしょうか。もちろん放課後の面接も重要ですが、それ以上に、どうすれば教育課程の中で展開できるようになるかを考えなければいけないことになります。

③は、②の答えの一つでもあるのですが、スクールカウンセリングはプログラムとして展開されるということです。ですからスクールカウンセラーの重要な仕事は、学校や生徒のニーズにあったプログラムを作ることになります。もっとわかりやすくいえば、「一連の授業案」ということです。たとえば「跳び箱」の単元では、最終的に跳び箱を跳べるようになるためのプログラムを組んで、それを何回かの連続した授業案としてまとめます。それと同じように、「学級の人間関係を親密にする」とか「進路計画を立てられるようにする」といった目標に対し、それを実現するためのプログラムを作成し、それを授業案という形にまとめ上げるということです。

日本とアメリカを同一に扱うことはできませんが、教育相談が治療ではなく教育であり、それをより効果的に行おうと考えれば、プログラムを組んで教育課程の中で実施するという方向に進むのは、日本の場合も同じだ

ろうと私は考えています。

教育相談は「心の問題」を扱うか？

　少なくともこれまでの日本の学校での教育相談は、不登校やいじめなどに伴う「心の問題」に対して、かなり個別的、治療的にかかわったきたように思います。しかし、個を対象とした治療的な活動だけではいけないという認識は、いまや一般的になってきていて、集団を対象とした発達支援的な活動も行われるようになってきました。こうした取り組みを通じて、生徒の「心理・社会的発達」を促進しようとしているわけです。これはいいことだと思います。

　この心理・社会的発達を促進する技法として、もっとも注目され、実践されてきたのが構成的グループ・エンカウンターです。この効果はとても高く、私も実践していますが、実は集団にアプローチする手法としては、他にもTグループやプロジェクトアドベンチャーなどのプログラムがあり、エンカウンターとは多少異なった視点から取り組むことが可能です。これらのプログラムは、エンカウンターに比べて「対人関係スキルの学習」という色彩が濃く、より学校教育になじみやすいように感じます。

　ところで、「心理・社会的発達への援助」がこれからの学校教育相談の中核をなす活動であることは確かですが、その他に生徒は、身体面で、学習面で、進路面で成長していきます。そう考えると、これからの学校教育相談は、身体的発達は除いたとしても、学習面や進路面での発達に寄与していく必要があると考えます。ただ、このような領域にこれまでの教育相談はあまり関与してきませんでしたので、ノウハウの蓄積がほとんどありませんし、先生方の意識もこうした分野が教育相談の守備範囲だとはあまり思っていないでしょう。しかし、私はこの領域で教育相談にできることはかなりあるし、またやっていかなくてはならないと思っています。

教育相談係の役割は「カウンセラー」か？

　教師には生徒を叱るという役割がありますし、成績の悪い生徒に対しては低い評価をつけなければなりません。これに対してカウンセラーは来談者の行動に問題があっても「叱る」という方法をとったり、マイナスの評価を下すことはまずないでしょう。このように教師の役割とカウンセラーの役割には重なっていない部分があります。

　問題は、教育相談係をやっていてこの「役割のズレ」に直面した場合です。その「教師役割」をとるか「カウンセラー役割」をとるかという二者択一の場面で、アイデンティティ葛藤が起きます。

　私の場合を例にすれば、カウンセリングを学ぶ前は特に悩むこともなく教師役割を取れていたのですが、学んでしまったばかりにいろいろなことが見えてきてしまって、単純に教師役割に徹しきれなくなってしまうという事態が生じた時期がありました。これは「教師アイデンティティの動揺」と言ってよいかもしれません。

　教育相談係や教師カウンセラーは、このアイデンティティの問題をどのように理解すればいいのでしょうか。

　次頁の図1をみてください。今述べたような教師の「指導役割」や「評価役割」は図のA（三日月型の部分）の領域に属します。カウンセラーならではの役割である「非審判的態度」や「無条件の肯定的関心」などは、C（三日月型の部分）に当たるでしょう。このAとCをどのように考え、自分自身のうちにどのように統合しているかによって、アイデンティティが変わります。

　まず、「アイデンティティ＝カウンセラー（B＋C）」という教師がいるでしょう。カウンセリングを学んでいる教師の中に少なからずいるように思います。養護教諭や問題行動などのほとんどない学校の相談係は、Aの部

分を強くは要求されませんから、このようなアイデンティティでもうまくやっていけるかもしれません。ただ、仕事でAの部分を要求された場合、あるいは指導的・訓育的役割を日常的に要求されるような職場にいる場合、こういう教師はAを自分の役割として取り込んでいませんから、違

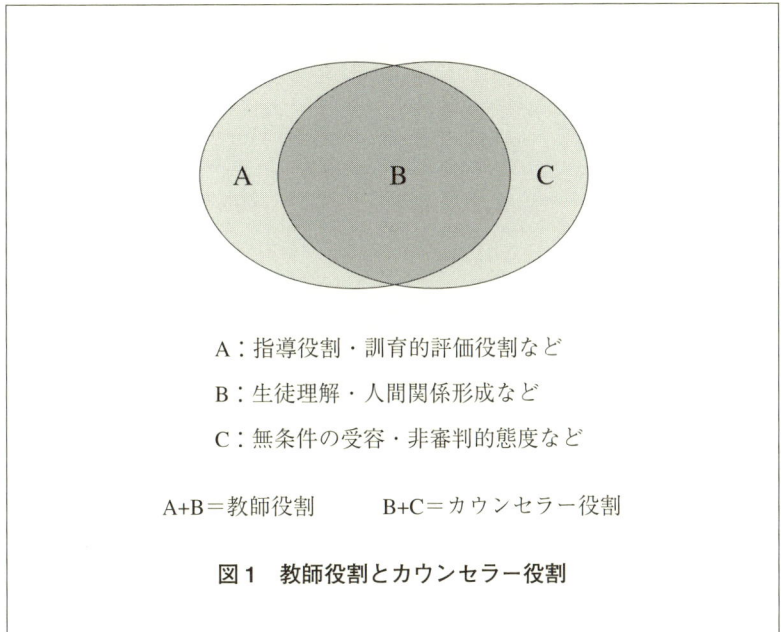

A：指導役割・訓育的評価役割など
B：生徒理解・人間関係形成など
C：無条件の受容・非審判的態度など

A+B＝教師役割　　　B+C＝カウンセラー役割

図1　教師役割とカウンセラー役割

和感やストレスを感じることが多いでしょうし、場合によっては周囲の教師と意識しないうちに摩擦を起こし、「ああいう先生が教育相談をやっているんだったら私は教育相談を学びたくない」と思われて、アンチ教育相談の教師を作ってしまう可能性があります。その点には注意が必要です。

次に、「アイデンティティ＝A(+B)」という教師がいます。「教師は指導役割や評価役割を持つのだから、教師がカウンセリングをすること自体に無理がある、あるいは間違っている」という教育相談に否定的な教師が採るスタンスです。Cは教師役割ではないということを強調するとともに、その対局にあるAを過大視しています。このような教師に考えてほしい

ことは、たとえば、生徒を理解すること、感情に共感すること、傾聴すること、尊重すること、人間関係を作ることなどは図のB領域に属することで、教師にも必要不可欠なことですが、そのためにはカウンセリングの技術や考え方は大いに役に立つはずです。

　最後の立場が「アイデンティティ＝A+B+C」とする立場です。ある意味では葛藤と矛盾を内包したアイデンティティですが、たとえば、カウンセリング場面ではカウンセラーの顔で、教室では教師の顔でといった具合に教師役割とカウンセラー役割を場面によって使い分けるということで、AとCの矛盾を回避するという方法もあります。これは、教師でありながらカウンセラーでもありたいと考える教師のギリギリの選択であると思います。

　私はどれかというと、最後の立場です。矛盾は内包していますが、それでよいと思っています。考えてみれば、矛盾する二つの役割を同時に担うということは、珍しいことではありません。親だって厳しさと優しさを併せ持たなければなりません。その矛盾した役割をうまく統合してこそ親としての成長があるように思います。教師カウンセラーも、この二つの役割を自己の中に統合していくことで、教師として、人間として成熟していくのではないかと思っています。

　ただ、ちょっと引っかかるところがあります。それは‥‥

学校教育相談と普通のカウンセリングの技法は同じか？

　それは、ひょっとしたら＜必要のない葛藤＞まで背負い込んでいるのではないかということです。

　実は、私はこれまでの学校教育相談の技法に疑問を持っています。

　これまで学校は、心理臨床の場で生まれた技法をほとんどそのまま利用してきました。とりわけ受容や共感を協調するロジャーズの来談者中心モデルは強い影響力を持っていました。

ところがこのロジャーズモデルについて、アメリカのWittmer(1993)は、「このモデルが学校にそぐわずマイナスの影響を与えた面もあった」と分析しています。Myrick(1993)も、「多くのスクールカウンセラーは、この技法を含む既存の技法を学校状況に適用しようとして挫折してきた」と述べています。日本でも、鵜養(1995)は、スクールカウンセラーが「手持ちの理論、技法」を学校に適用することは学校に反発や抵抗を生む危険性があると指摘しています。

なぜこのようなことが起こるのでしょうか。この点について近藤(1995)は、学校教育相談では通常の心理臨床活動が前提としている、(1)問題発生後に、(2)個人を対象に、(3)心理臨床の専門家が、(4)非生活空間で、(5)治療的介入を行うという枠組みのすべてが崩れる可能性を指摘し、学校教育相談は「これまで心理臨床活動をおこなう際に依拠してきた基本的モデルそのものの変革を迫る重大な事態をはらんでいる」と述べています。

河井(1985)も指摘していますが、要するに心理臨床の専門機関で開発され発展してきた心理臨床モデルは、そのままでは学校には向かないということです。

つまり、心理臨床には心理臨床の方法論が必要、学校教育相談には学校教育相談の方法が必要ということです。

心理臨床用の技法の多くは、図のCの部分に立脚した技法です。そのような技法を教師が学校で利用しようとすれば、うまく使いこなせないのは当たり前ですし、アイデンティティ葛藤を引き起こすのは当然です。しかし、もし図のAやBの部分に立脚した学校カウンセリング用の技法であれば、教師は、教師の専門性を十分に発揮しながら活動できますし、教師のアイデンティティ葛藤は格段に減るでしょう。

私は、学校教育相談の主体が教師である以上、そのような方法論が必要だと考えているわけです。残念なことに、こうした学校教育相談の「道具」は、現在十分そろっているとは言えない状況にあります。しかし、1990年代後半に入って、「道具」の開発は、今までとは比べものにならない勢い

で進んでいますし、そうした道具がある程度そろって、教師カウンセラーがその道具を使いこなしはじめたときに、学校教育相談は心理臨床から自立し、新しい段階に入るのではないかと思います。

なお、治療的なニーズの高い生徒に対しては、Cの部分に立脚したかかわりが必要になるのはやむを得ないでしょう。だから教育相談係のアイデンティティはA+B+Cである必要があると思うのです。しかし、一般的には教師のアイデンティティはA+Bで十分なはずです。また、これからの学校教育相談は予防的・開発的な活動がますます重要になると思いますし、その担い手はごく普通の教師です。ですから、これからの学校教育相談の方法論は、教師アイデンティティ(図のA+B)に大きく矛盾しない方法論であることが重要になると思います。

何とかできれば「理論」はいらないか?

教師は日々、具体的な問題を抱えた生徒たちと接しています。そのため、「理屈はいいから具体的にどうしたらいいかを知りたい」と考える傾向が強いように思います。研修会などでも「明日から使える〇〇」といった類のものが喜ばれるようです。私も教師ですから、その気持ちは大変よくわかります。

しかし、それは地図を持たずにドライブに行くようなものです。目的地に着くには、目的地と現在位置、そしてルートが分かっている必要があります。そのためには地図が必要です。理論は、いわば地図に当たります。頭の中に入れておくと、今起こっていることや今後の展開、とるべき行動などについてさまざまな示唆を与えてくれるものです。

たとえば不登校の生徒がいたとき、「これは怠けだ」「親の過保護が原因だ」「厳しく言わなければ」「放っておけばそのうち良くなる」「受容的に接しないと」などといろいろな見解が語られ、学校として共通の対応ができなくなる場合があります。理解のズレが教員間の対立になるということで

す。しかし、こうした出来事を解釈する理論を知っていると、他の先生方と理解を共有しやすくなります。それは、一緒に教育活動をしていく上で非常に重要な基盤となります。

　もちろん的確な解釈でなくてもいいのです。重要なのは、バラバラな理解による相互に矛盾した対応ではなく、共通理解に基づく足並みのそろった対応をするということです。それでうまくいかなかったら、理解の仕方を修正し、新たな対応策を考えればよいのです。

　理論と技法は学校教育相談の車の両輪のようなものです。片輪だけでは車は走りません。

学校教育相談に資格は必要か？

　この質問をよく受けます。一般的には資格には身分保障の側面と専門性の保証の側面がありますが、教員の専門性と身分の保障については、教員免許で行われているわけですから、理屈で言えばカウンセリング関係の資格は、教師には必要ありません。実際、私自身は今現在のところ、教員免許と運転免許しか持っていませんし、それで特に困ることはありません。生徒は私のところによく相談に来ますが、それは私が資格を持っているかどうかとは無関係です。

　ただ、資格を取ることが悪いとも思っていません。現在の資格認定の動きの背景には政治的な思惑が少なからずあるようですから、それに踊らされるようなことは避けたいとは思いますが、そうしたことを抜きにして考えれば、資格は専門性の保証でもありますから資格を持つことは「あの人のところへ行けば専門的サービスが受けられる」ということを意味します。それは、サービスが必要な人たちがサービスを受ける助けになるでしょう。

　また、資格取得をめざして勉強することはプラスだと思いますし、自分自身の励みになるでしょう。今後の教育行政がどう動いていくのかはわか

りませんが、また、何らかの資格所有者を教育委員会等が認め、積極的に登用していく可能性も考えられます。そうなれば資格を持っていたほうがいいということになります。また、学校に教育相談を定着させる上で、資格を持っていることが役に立つことがあるとも思います。

しかし、「資格を持っていると言うから仕事を任せたのに、うまくいかないじゃないか」と思われたなら、資格を持っていることがマイナスに作用するということになります。逆に「あの人はすごいと思ってたら資格を持っているんだって。やっぱり資格を持っている人は違うなあ」と思われれば、資格はプラスです。大切なのは実力で、実力を伴わない資格は"百害あって一利なし"ということを肝に銘じておく必要があると思います。

教育相談は生徒指導の役に立たないか？

「教育相談は生徒指導の役に立たない」と言うときの生徒指導とは、「しつけ」とほとんど同義でしょう。

一般に教育相談は、人間的な信頼関係を基盤にしています。これに対して「しつけ」は、信頼関係の有無にかかわらず行わなくてはならないことが少なくありません。とりわけ集団を相手にしているような場合には、気合いを込めて一喝しなければ収拾がつかない場合もあるでしょう。こういう場面でカウンセリング技法はあまり役に立ちません。ですから「教育相談はしつけの役に立たない」というのは部分的には正解です。

しかし、それは一面だけです。たとえば、問題行動をくり返す生徒を理解するのに教育相談の諸理論は不可欠です。そういう生徒には長期的なかかわりが必要ですが、そのかかわりの基盤に信頼関係は不可欠です。そうでなければ、生徒が教師の提示する価値観を内在化することなどあり得ません。ですから、「教育相談はしつけの技法としては不十分なところがあるが、しつけに有効な理論や技法も提供しうる。また、生徒指導全般に関してはきわめて有益な理論と技法を提供しうる」というのが正確な言い方

だと思います。

　「しつけ」と「教育相談」は守備範囲が違います。教育相談が「しつけ」全体をカバーできないことで教育相談の有効性を否定するのは、「ないものねだり」だといえるでしょう。

　しかし、問題はこれで解決しません。「教育相談は生徒指導の役に立たない」ということばのもう一つの意味は、「教育相談をやっている教員は生徒指導の役に立たない」ということです。"気合いを込めた一喝"や"体を張った介入"が必要なのは、程度の差こそあれ、危機的な場面です。その場面を避ける教師は、教師集団から信用されないのは当たり前です。そして、その教師が教育相談を学んでいるとしたら、教育相談も信用されなくなるのは、当然すぎるくらい当然のことだと思います。

　なぜ、こう思われてしまったのでしょうか。歴史を振り返ってみますと、ロジャーズの非指示的アプローチが学校での教育相談に強い影響を与えていた時期が長かったこと、1980年代の校内暴力の嵐に教育相談は十分な効果を上げることができなかったこと、こうした状況の中で教育相談を学んでいた教員も教育相談を生かしながらこうした状況に適切に対応する方策を十分には確立し得ず、むしろ混乱したことなどが大きいように思います。

　それが「教育相談をやっている教員は"気合いを込めた一喝"ができない教員」であり、「教育相談は生徒指導（しつけ）のできない教員の逃げ場」という認知につながってきたのだと思います。

　しかし、役に立たなかったのは、過度に治療的個別的なかかわりにシフトした治療的カウンセリングであり、けっして教育相談全体が役に立たなかったわけではありません。考えてみれば心理臨床機関では、"気合いを込めた一喝"をしなければならない状況自体を想定する必要がありませんから、その心理臨床機関で発達してきた理論や技法で対処しようとすることが間違いですし、それが学校場面で万能でないからといって、効果全体を否定するのは過度の一般化です。

また、当時教育相談にかかわっていた人たちが悪かったのでもないと思います。そうした状況の中で、うまくいかない状況を真摯に受け止め、自分の存在をかけて理論を再構築し、より効果的なかかわりや技法を生み出そうと努力されてきた先輩の先生方を、私は多く見てきました。

　私は、校内暴力の嵐は「教育相談」が「学校教育相談」へと成熟するために必要だった試練であり、その試練の中で学校教育相談の新たな道を模索したからこそ、学校教育相談は開発的予防的な方向へと発展してきたのだと思います。

　いまや「教育相談は生徒指導の役に立つ」「教育相談をやっている教員こそしつけができる」と私は思っています。それを実践で示していくことが、私たち学校教育相談にかかわっている者たちの仕事だと思います。

第2章

学校教育相談の輪郭

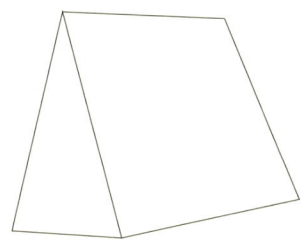

　上の図を見てください。正面から見れば三角形です。横から見れば正方形です。下から見れば長方形です。一つのものも、いろいろな角度からみることで、いろいろな様相を呈します。
　この章では、学校教育相談をいろいろな切り口から見ることで、その全体像をつかむことを目的としています。次の第3章では具体的な活動を細かく見ていきますが、その前に、学校教育相談の輪郭をつかんでおこうということです。

1　学校教育相談の方向性

　学校において望まれる学校教育相談の方向性はどのようなものなのでしょうか。その方向性を探るために、教師の教育相談に対する意識調査を

行ったことがあります。もうすこし具体的に言うと、実際に学校で行われている相談活動のあり方によって、教師の教育相談についての意識はどう変化するのかを明らかにすることがこの調査の目的でした。

その結果には、是非知っていただきたい内容が含まれていましたので、ここでその概要を紹介しようと思います。ただ、調査を行った当時は、まだ研究法についてよく知らなかったので、穴だらけのかなりラフな研究デザインになっていますが、その点はご容赦ください。

教育相談に対する教師の意識調査

学校教育相談に関する48項目からなる調査用紙を校内の教育相談係5名で作成し、1993年3月、埼玉県内の高等学校23校に勤務する教員1215名に対して配布し、588名からの有効回答が得られました。回収率は48.4％でした。

48の各項目に対して「ハイ」～「イイエ」の4件法で回答を求めました。なお、一部の項目については、「生徒の指導に役立つ」「効果に疑問がある」といった対イメージに対して、同じく4件法で回答を求めました。回答は「ハイ」「どちらかといえばハイ」と回答した者を「ハイ群」、「どちらかといえばイイエ」「イイエ」と回答した者を「イイエ群」として集計しました。

また、23校の教育相談の活動実態を各校の教育相談係等に確認したところ、17校では教育相談活動は実質的に行われていませんでした。5校では個人対応を中心とした教育相談活動が行われていました。1校(私の勤務校ですが)では、個人対応だけではなく、エンカウンターや生活分析的カウンセリングを学級全体で実施したり、生徒会役員や各委員会の委員長らを対象としたリーダートレーニングを行ったりするなどの開発的相談活動が日常的に行われていました。

そこでこの23校を、教育相談の実態に応じて無組織校(17校)、治療型校(5校)、開発型校(1校)の3群にわけ、その各群ごとの「ハイ群」「イイエ

群」を集計して比較しました。

　次頁の表1がその集計の結果です。「ハイ群」の割合を示すパーセンテージ表と、χ^2検定という方法で行った検定の結果を載せました。

　検定というものに馴染みのない方もおられると思うので、ここで簡単に検定について説明しておきます。

　たとえば表の＜3＞を見てください。開発型校では90.6％、治療型校では82.2％で、8.4％の差があります。この差が偶然であり特に意味はないのか、それとも何らかの意味のある差なのかは、パーセンテージを比べただけではわかりません。そこで、この数値が意味のある差かどうかを調べるのが、ここで行っているχ^2検定（カイ二乗と読みます）です。

　表に戻ると、＜＊＊＞というマークがありますが、これは「この差が偶然に生じる可能性は1％未満」ということを示します。同様に、＜＊＞は5％未満、＜†＞は10％未満ということです。つまり、＜＊＊＞＜＊＞＜†＞のマークがある差については、偶然である可能性は低く、何らかの原因があってこうなったと考えてもよいということです。

　さて、＜3＞にもどりますが、＜有意差(A/B)＞の欄には何もマークされていません。つまり、この8.4％の差は、意味のある差とは言えないということです。逆に＜8＞では＜＊＊＞がついています。これは、こうなる必然的な理由があったと考えて良いということになります。

調査結果から言えること

(1) 開発型教育相談について

　開発型教育相談を展開するとき、所属校の教員には次のような傾向が生じることがわかりました。

　① 「指示」「非合理性の指摘」など、積極的に生徒にかかわっていく手法をもカウンセリング技法として捉える傾向が最も高い。

　② 「教育相談は、相談室の中だけでなく、いつでもどこでも行うもの」で

表1　教育相談に対する教員の意識調査結果

以下の項目は、教育相談的な態度や手法だと考えますか

	開発型校 (=A) %	治療型校 (=B) %	無組織校 (=C) %	有意差 (A·B)	有意差 (A·C)	有意差 (B·C)
1. 視線や声の調子、表情などに気を配って話を聞く。	100	97.5	96.8			
2. 裁いたりせず、受容的な雰囲気で接する。	96.9	93.3	93.8			
3. 生徒の気持ちや言わんとすることを整理して言葉で返す。	90.6	82.2	83.1			
4. 気付いていない問題の側面について、気付きを与えるようにする。	93.8	89.6	89.0			
5. 生徒の知りたい情報や教師の考えを表明する。	68.8	69.1	74.1			
6. 教師が自分の考えや感じ、生い立ちや現況を率直に表明する。	67.7	57.1	60.8			
7. 生徒がどのような行為を取るべきか指示する。	63.6	41.2	38.2	**	**	
8. 生徒の考えの非論理性・非合理性を指摘する。	71.9	43.2	41.8	**	**	
9. 生徒の感情・行動などの矛盾・混乱を指摘しそれに対決させる。	68.8	49.7	47.3	*	*	
10. 生徒の感情や価値観を問い、生徒の価値観を明らかにする。	81.3	63.8	67.2	†		
11. 現実に直面させ、共により良い行動を立案しその実行を援助する。	87.5	76.2	84.3			†

教育相談はどのような場で行われるものと考えますか

12. いつでもどこでも行われるものである。	96.9	84.7	90.9	†		*
13. 主に問題行動が起こった場合に行われるものである。	28.2	25.5	23.9			
14. 学校の教育相談室で行うものである。	18.8	35.7	28.7	†		
15. 保健室で行うものである。	18.8	20.9	20.4			
16. 専門機関で行うものである。	28.1	40.9	36.8			

教育相談はどのような人が展開すべきだと思いますか

17. 全ての教師が行うものである。	90.9	85.3	90.4			
18. 教育相談係が行うものである。	45.2	43.3	41.0			
19. 専門家が行うものである。	38.7	55.0	44.1	†		*
20. できる人が行うものである。	39.9	39.1	38.6			

以下の学生に対して、教育相談的態度や手法は生かせると考えますか

21. 非社会的な問題行動を持つ生徒	87.1	81.4	86.8			
22. 反社会的な問題行動を持つ生徒	93.5	73.7	81.2	*	†	†
23. 悩みを持っている一般の生徒	100	97.6	98.2			
24. 相談を持ちかけてきた生徒	100	98.1	99.2			
25. 特に問題のない一般の生徒	81.3	75.5	81.7			†

以下の項目で、意識して行っているものはどのようなことですか

	開発型校(=A) %	治療型校(=B) %	無組織校(=C) %	有意差(A・B)	有意差(A・C)	有意差(B・C)
26. 短い時間でも、生徒と対話をするようにしている。	84.8	94.4	93.2	†	†	
27. 理屈だけでなく、生徒の気持ちにも重点を置いて話を聞く。	94.0	93.8	93.6			
28. 生徒が何故そのような行動を取るのかを理解しようとする。	87.9	94.5	94.9		†	
29. 生徒一人ひとりの意見・発言を大切にしようとしている。	94.0	91.3	93.0			
30. 生徒との面接の際には、心理検査の結果なども利用している。	27.3	34.0	31.7			
31. 教育相談の発想・手法を、進路指導に取り入れるようにしている。	43.7	48.4	52.1			
32. 教育相談の発想・手法を、HR経営に取り入れるようにしている。	53.1	60.3	64.6			
33. 教育相談の発想・手法を、生徒指導に取り入れるようにしている。	65.7	75.3	77.3			
34. 教育相談の発想・手法を、授業に取り入れるようにしている。	53.2	45.1	47.5			
35. HR内に、より人間的な触れ合いを作り出すため「人間関係作り」のためのプログラムをLHRなどの機会に行ったことがある。	30.3	32.0	30.4			

教育相談についてどのように感じていますか

36. 生徒の理解に役立つ	100	97.5	96.6			
生徒の理解に役立たない	0	2.6	3.4			
37. 生徒の指導に役だつ	96.9	90.7	94.0			
効果に疑問がある	3.1	9.4	6.1			
38. 生徒指導と両立する	96.9	80.9	89.4	*		*
生徒指導と対立する	3.1	18.5	10.6			
39. 生徒から信頼される	96.9	87.5	93.3			*
生徒からなめられる	0	11.2	5.6			
40. 集団を育てる	96.9	76.8	85.1	**	†	*
集団の秩序が乱れる	3.1	23.1	14.1			
41. 行動変容の近道である	81.2	70.2	74.2			
時間がかかり過ぎる	15.6	29.2	24.4			
42. 自分に向いている	59.4	67.3	68.2			
自分に向いていない	34.4	32.0	30.1			
43. なじめる	62.5	74.7	78.1			
抵抗感がある	31.3	25.3	20.4			

教育相談の組織と研修についてお伺いします

44. 教育相談係は学校の組織の中に必要である。	96.9	91.3	87.1		*	†
45. 相談室は学校の中に必要だと思う。	100	91.3	86.8	†	*	†
46. 校外での教育相談の研修に参加したことがある。	36.4	33.5	29.1			
47. 教育相談係を経験したことがある。	22.6	17.5	17.9			
48. 教育相談の研修会に自主的に参加したことがある(校内研修会も可)	59.4	62.0	40.9		*	**

$N=588$、$**p<.01$, $*p<.05$, $†p<.10$

あり「専門家ではなく教師が行うもの」と考える傾向が治療型校よりも高い。
③「教育相談は生徒指導と両立する」と考える傾向が治療型校よりも高い。
④「教育相談は集団を育てる」と考える傾向が最も高い。
⑤教育相談の必要性の認識が最も高い。
⑥相談室の必要性の認識が最も高い。
⑦「教育相談は反社会的問題傾向をもつ生徒に対して有効」と考える傾向が最も高い。
⑧「短い時間でも生徒と対話する」傾向が治療型校よりも低い。

(2)治療型教育相談について

次に治療型の教育相談が行われている学校の教員は、教育相談をどのように捉えるようになるのか、特に無組織校と比べて違いが出ているものに絞って見てみましょう。
①「教育相談は、教師ではなく専門家が、相談室の中で行うもの」と考える傾向が最も高い。
②「教育相談は反社会的生徒や一般の生徒には生かしにくい」と考える傾向が最も高い。
③「教育相談は生徒指導と両立しない」と考える傾向が最も高い。
④「教育相談は生徒から信頼されない(なめられる)」と考える傾向が無組織校より高い。
⑤「教育相談は集団の秩序を乱す」と考える傾向が最も高い。
⑥教育相談係や相談室は必要と考える傾向が開発型校に次いで高い。

(3)結果が示唆すること

以上の結果から、「治療型の相談活動は、いくつかの望ましい結果を生んではいるものの、基本的には教育相談の定着にマイナスの認識を育んで

きた」と言わざるを得ません。つまり、治療型の活動をやればやるほど、教育相談係以外の先生方は、「教育相談は必要だが、教師の仕事ではないし、生徒指導と両立せず、集団の秩序を乱す」と考えるようになっていくわけです。よく、「教育相談に熱心な先生がいたときは活動していたが、転勤したら消滅した」という話を聞きます。それはこのデータからすれば当然のことと言えるでしょう。

逆に開発型の相談活動を展開するとき、教師集団の意識は、徐々にではありますが、「教育相談は、教師が、教室などで日常的に実践すべき活動であり、その活動は生徒指導と対立することはなく、むしろ反社会的な生徒や一般の生徒にも適用可能であり、生徒集団を育てていく活動である」と考えるようになっていきます。

学校教育相談の方向性

この調査は、私自身が当時、漠然とした予感のようなものに導かれてやってきた学校教育相談の方向性を確信させるものでした。では、私が考えていた学校教育相談の方向性とはどのようなものかと言えば、おおよそ、「かなり専門的な研修を積んできた教育相談係が、相談室の中で個別的に面接をするという活動をメインにした学校教育相談はきっと行き詰まる。これからは、そうしたニーズのある子どもたちへの対応はもちろん大切にしながらも、どうしたら、普通の生徒たち全体に、普通の教師が、日常的な教育活動の中で、彼らの進路発達や心理的発達、社会的発達を促進することができるかという視点で、具体的な活動を展開することが求められているはずだ」ということばにまとめられます。

今となっては当たり前のような感じすらしますが、たとえば「すべての教師」を動かすといってもそう簡単ではないですから、この当たり前のことが実際にはむずかしいわけです。しかし、それを何とかやっていかなければ学校教育相談の未来はないというのも、本当のことだと思うのです。

2　学校教育相談の全体像

さて、ここまで学校教育相談の方向性についてみてきましたが、ここからは、その全体像をつかんでみたいと思います。

狭義の学校教育相談（学校カウンセリング）

学校教育相談の中核的活動は、広義のカウンセリング活動です。アメリカスクールカウンセラー協会の役割声明（1990）と「全国基準」（1997）を参考にして、日本の状況を加味して考えると、狭義の学校教育相談（学校カウンセリング）は、カウンセリング、ガイダンス、コンサルテーション、コーディネイションの四つによって構成されているといってよいように思います。

言葉の意味がわからないといけないので、簡単に説明します。

①カウンセリング

生徒や保護者との個人的な話し合いです。個人を対象とするのが一般的ですが、これからの学校教育相談では少人数グループでの「グループカウンセリング」がかなり重要になってくるように思います。これは強調して

表1　学校カウンセリングの四つの活動

学校カウンセリング
- ①カウンセリング（個人カウンセリング・グループカウンセリング）
- ②ガイダンス
- ③コンサルテーション
- ④コーディネイション

おきたいと思います。第3章にグループカウンセリングを簡単に紹介しておきましたので、参考にしてください。

②ガイダンス

学級や学年などの集団を対象に、情報や知識やスキルなどを提供する取り組みで、一定の目標に向かって行われる活動です。前章で学校教育相談はプログラムが重要だと言いましたが、そのプログラムの多くは、このガイダンス活動の中で展開されることになります。学級開きの際に構成的グループ・エンカウンターを行ったり、各種の検査の事後指導などもガイダンスの中にはいります。

新しい学習指導要領(1999)では特別活動の章で、「学校生活への適応や人間関係の形成、教科・科目や進路の選択などの指導に当たっては、ガイダンスの機能を充実するようホームルーム活動等の指導を工夫すること」という文言が組み込まれていますし、この領域は今後ますます重要になってくると思います。

③コンサルテーション

カウンセリングもコンサルテーションも、面接であるという点では同じです。しかし、本当はコンサルテーションなのにカウンセリングのつもりで面接をしたり、その逆をしていると、ボタンを掛け違えたような感じになってしっくりいきません。私も何度か失敗しました。ですから、カウンセリングとコンサルテーションの違いを理解しておくことが必要です。

その違いは、カウンセリングが来談者自身の問題を扱うのに対して、コンサルテーションの対象は問題を抱えている人の援助者が対象です。たとえば、教育相談係のところに担任が自分のクラスの生徒のことで相談に来る場合、あるいは保護者が自分の子どものことで相談にくる場合などは、基本的にはコンサルテーションになります。

また、カウンセリングは構造的には上下関係になりがちですが(それがいいと言ってはいません)、コンサルテーションは、専門家が別の領域の専門家に独自の視点から情報等を提供します。担任という専門家、親という

専門家に相談係という視点から情報を提供するわけです。その情報を利用するかどうかは担任や親という専門家の立場で判断してかまわないことになります。ですから、両者の関係は対等です。

　コンサルテーションでは、一般的には情報を提供したり、方策を話し合ったりする傾向が強く、情緒的混乱をともなった人を対象とするカウンセリングとはずいぶん感触が違います。カウンセリングとコンサルテーションを混同して、情報が欲しくて相談に来ている人に対して、相手の感情や心理に焦点を当てて受容的共感的に徹して対応したら、来談者は欲求不満を感じて帰っていくことになります。

　一応はこのように分けられるとは思いますが、現場では両者の区別は厳密ではありません。たとえば、子どもの不登校で情緒的に混乱している親との面接は、カウンセリング的な色彩の濃いコンサルテーション、あるいはコンサルテーション的色彩の濃いカウンセリングということになります。

　④コーディネーション

　たとえば、不登校気味の生徒に対して、疲労の激しいときは保健室で休んでいいように養護教諭に頼んだり、生徒が気持ちを許している先生に雑談相手になってもらったり、親しい生徒と一緒に登校できるようにしたり、職員会議で生徒の様子を報告して職員全体に配慮を要請したり、保護者に児童相談所を紹介したりすることがあります。これがコーディネーションです。つまり、生徒や保護者を援助するために、学校や地域の持つ援助資源がうまく連携を取れるようにしたり、その支援がうまく機能するように調整したりすることです。

　コーディネーションをうまくやるには、状況を的確に理解するだけでなく、いろいろな人たちと「つながる力」が必要になります。

　以上、四つの活動を説明しましたが、実際にはこれらの活動を組み合わせながら、教育相談係は不登校やいじめ、あるいは危機的状況への介入な

どを展開していくことになります。ですから、狭い意味でのカウンセリングだけを勉強しても、それだけでは十分な対応はできません。実際、コーディネーションなどは、カウンセリングの力量というよりも教師としての力量を問われるような気がします。

基盤としてのアセスメント

ところで、この四つの活動は、問題への「対処行動」です。これまでの学校は問題が起こってから、それに対処していく傾向が強かったと思います。

しかし、子どもたちの抱える問題がどんどん複雑で深刻になってくる中で、いち早く問題を把握したり、その問題の性質や全体の状況などを的確に理解する必要が高まってきていることを、教師であれば誰しも感じていることと思います。また、「気付かなかった」「大丈夫だと思っていた」という言葉が通用しない、説明責任(アカウンタビリティ)が問われる時代になってきています。

こうした状況の中で大切になるのが、今述べた「いち早く問題を把握したり、その問題の性質や全体の状況などを的確に理解すること」です。これをアセスメントと言います。環境アセスメントということばがありますが、そのアセスメントです。別の言い方をすれば、どのような援助方針をとるかを決定するための判断に必要な情報を集め、意思決定するまでの一連の過程です。これまでの学校教育相談では、このアセスメントをあまり重視してこなかったと思いますが、これからはとても重要になってくるでしょう。

学校におけるアセスメントでは、心理的側面だけではなく、その生徒の交友関係や援助資源などを幅広くすることが役に立ちます。そのためには、担任や養護教諭、相談係などの関係者が集まって情報を出し合うことが役に立ちます。

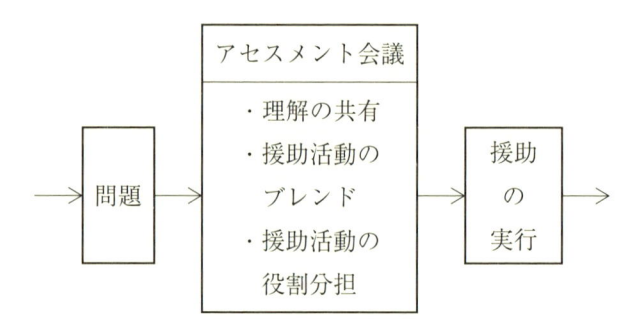

図1　アセスメント会議

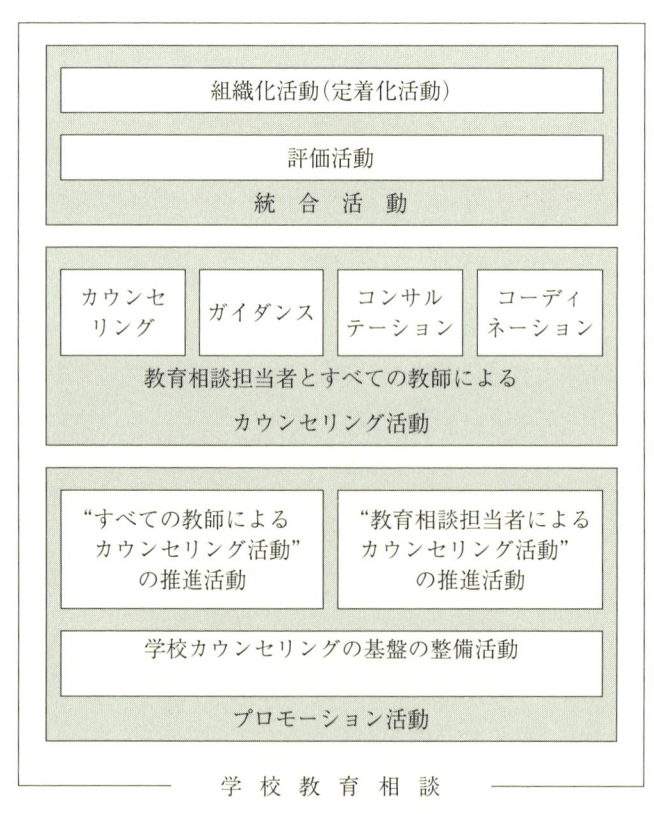

図2　学校教育相談の構造

この情報を出し合う会議をアセスメント会議、あるいはチーム援助会議と私は呼んでいます。これについては石隈（1999）が詳しく書いていますので、是非参考にしていただきたいと思います。私自身は、必要に迫られて1990年頃からこのような会議を開いてきました。最近は、多くの学校でこのような会議が開かれるようになり、いいことだと思っています。

困った事態が起こると、どうしても関心は「どうしたらいいか」という対処行動に向かいがちです。ただ、豊富な情報に基づく的確な生徒理解と状況理解なくして的確な援助は不可能です。これからの学校教育相談では、アセスメントを重視する方向に進むことは間違いないでしょう。結局、それがよりよい援助を可能にするからです。

プロモーション活動と統合活動

前頁の図2を見てください。この図は大野（1997）の図をもとに、私が再構成したものです。実は、ここまで述べてきた「学校教育相談」は、この図の中央の「カウンセリング活動」に当たります。これは広義の学校教育相談の中核をなす活動ですが、実はそれだけでは学校では機能しません。

「カウンセリング活動」を機能させる上で欠くことのできない活動が、図の中の「プロモーション活動」と「統合活動」です。

まず「プロモーション活動」ですが、「カウンセリング活動」を展開するには、基盤の整備が必要です。たとえば、カウンセリングについての理解を深める研修を展開したり、予算をとったり、年間計画を作成したり、書籍や資料を充実させたり、相談室に花を飾ったり、やることはたくさんあります。また、カウンセリング活動を実際に担うのは教育相談係だけでなく＜すべての教師＞ですから、自分たちだけではなく＜すべての教師によるカウンセリング活動＞が展開しやすい状況を作っていく必要があります。そのための活動がプロモーション活動です。

もう一つの活動が「統合活動」です。これは、実際に行ってきた狭義のカウンセリング、ガイダンス、コンサルテーション、コーディネーションといった「カウンセリング活動」や「アセスメント会議」などを評価し、その評価に基づいてこれらを再構成して、学校教育の中でうまく機能するようにしていく活動です。そしてさらに、教育相談的視点から見て学校教育全体を再構成するところまでを視野に収めた活動です。
　教育相談に取り組み始めたころ、私の視野の中には「統合活動」はまるでありませんでした。しかし、実践を積めば積むほど、この統合活動の大切さが身にしみるようになってきました。質の高い活動を行うために、また生徒にとって過ごしやすい学校風土を作るためには、必要不可欠な活動であるということができます。

　「カウンセリング活動」を機能させるための「プロモーション活動」、そしてより質の高い活動とより快適な学校環境を生み出すための「統合活動」が展開されるようになると、学校教育相談は学校教育のなかで有機的に機能するようになるといえるでしょう。

カウンセリング活動の三領域と関係者の活動

　次に「カウンセリング活動」「プロモーション活動」「統合活動」のうちの「カウンセリング活動」に焦点をあて、誰がどのような仕事をすればいいのかを次頁の図3にしてみました。

　図3の左下のA領域は、活動の場が学校であることによって生じる制約等により、外部の専門機関などに紹介が必要な領域を想定しています。B領域は校内で活動するスクールカウンセラーなどがカバーすべき領域です。C領域は、スクールカウンセラーによっては埋めらない領域であり、これが教師カウンセラーや養護教諭などの教育相談係がカバーする領域と

考えられます。なおB領域は、スクールカウンセラーの配置されていない学校では、教師カウンセラーの力量に応じて、CもしくはA領域に取り込まれることになります。そして最後の右上の大きな三角形のD領域が、担任をはじめとするすべての教師によって展開されるべき領域ということにります。

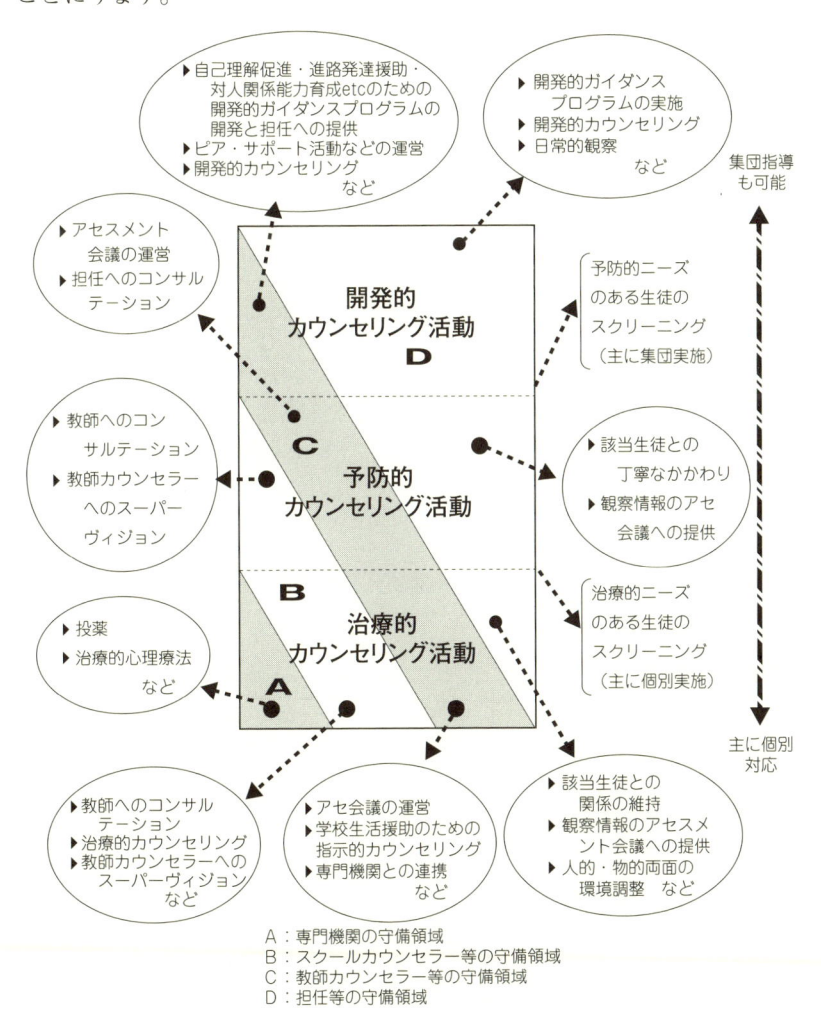

```
図中の要素：

開発的カウンセリング活動（D領域）
  ・自己理解促進・進路発達援助・対人関係能力育成etcのための
    開発的ガイダンスプログラムの開発と担任への提供
  ・ピア・サポート活動などの運営
  ・開発的カウンセリング など
  ・開発的ガイダンスプログラムの実施
  ・開発的カウンセリング
  ・日常的観察 など

  ・アセスメント会議の運営
  ・担任へのコンサルテーション

  ・予防的ニーズのある生徒のスクリーニング（主に集団実施）

予防的カウンセリング活動（C領域）
  ・教師へのコンサルテーション
  ・教師カウンセラーへのスーパーヴィジョン
  ・該当生徒との丁寧なかかわり
  ・観察情報のアセ会議への提供

治療的カウンセリング活動（B・A領域）
  ・投薬
  ・治療的心理療法 など
  ・治療的ニーズのある生徒のスクリーニング（主に個別実施）

  ・教師へのコンサルテーション
  ・治療的カウンセリング
  ・教師カウンセラーへのスーパーヴィジョン など

  ・アセ会議の運営
  ・学校生活援助のための指示的カウンセリング
  ・専門機関との連携 など

  ・該当生徒との関係の維持
  ・観察情報のアセスメント会議への提供
  ・人的・物的両面の環境調整 など

右側注記：集団指導も可能 ／ 主に個別対応

A：専門機関の守備領域
B：スクールカウンセラー等の守備領域
C：教師カウンセラー等の守備領域
D：担任等の守備領域
```

図3　カウンセリング活動の三領域と関係者の活動

たとえば、治療的ニーズの高い生徒は、この図で言うと、治療的カウンセリング活動の対象となる生徒ですが、その場合には、担任・教育相談係・スクールカウンセラー・専門機関の連携が必要になるということです。そしてその連携の核となるのがB領域を担う教育相談係ということになります。スクールカウンセラーが学校に入ってきても、連携の中心は教師カウンセラーであるということを、教師は忘れてはならないし、主体性を失ってはならないと思います。

また、特別な援助ニーズのない生徒は、開発的カウンセリング活動の対象となりますが、図からすると、この領域は教育相談係と担任がかかわる領域です。この領域の活動としては、たとえば、教育相談係がエンカウンタープログラムを担任に提供して、担任に実施してもらうといった実践が考えられます。ここでも大切なのは、担任と教育相談係との連携です。また、ある生徒が治療・予防・開発のどの援助ニーズを強く持っているのかを調べることも教育相談係の働きになるでしょう。

なお、図3には具体的な活動も書き込まれていますが、これについては、第3章で触れることになると思います。

「学校カウンセリング」「学校教育相談」「教育相談」の区別

(1)用語の混乱

ここまで「学校カウンセリング」ということばと、「学校教育相談」あるいは「教育相談」ということばを特に説明せずに使ってきましたが、ここでこれらの用語の関係を整理してみようと思います。

國分(1994)は、「学校カウンセリングとは、児童・生徒が学校生活を送るプロセスで出会うであろう諸問題の解決を援助する人間関係」としています。また、田畑(1994)は、教育相談を「児童・生徒が学校生活を送っていく過程で生起する一過的または継続的な危機状態に対応する援助の方法であり、援助の人間関係である」としています。

読んですぐわかるように、國分の学校カウンセリングと田畑の教育相談の定義とは、事実上、同じと考えて良いでしょう。両者とも学校教育相談の中核的な部分を説明するものと考えれば、特に定義自体に問題はないと思います。ただ、ここで指摘したいのは、「学校カウンセリング」ということばと「教育相談」ということばがほとんど区別されることなく使われているという事実です。これは恐らく、学校教育相談にかかわるほとんどすべての人が、両者をあまり区別してこなかったし、今も区別していないという事実を反映しているものと考えられます。

(2)教育相談と学校教育相談

　1950年代から1980年代にかけて、学校の一部に相談室を設けて適応上の問題に個別に応ずるという、臨床機関のやり方をそのまま学校に移植するような形でのカウンセリング活動が行われていました。42頁の＜図2　学校教育相談の構造＞の、カウンセリング活動の中のカウンセリングを中心とした活動です。このような実践は「教育相談」と呼ばれてきました。その実践に当たっては、特に「学校」を強く意識することはなかったようです。もちろん「学校教育相談」という呼ばれ方をしている場合もありましたが、それは単に、「教育相談」が行われている場が学校なのでそう呼んだという程度の意味でした。

　これに対して、1990年代に入ってから、「学校教育相談」という言葉が意識的に使われだしました。この言葉には、「これまでの『教育相談』は、いわば借り物の実践だったのではないか」という反省が込められていたように思います。つまり、「学校における教育相談であること、あるいは学校教育における相談活動であることをもっと自覚した実践を創造していくことが必要である」という意識に基づいて「学校教育相談」という言葉が用いられるようになってきたということです。ただ、実際には「学校教育相談」という言葉を何度も使うと、くどいようなしつこいような印象がありますので、今述べた意味での学校教育相談を、便宜上縮めて「教育相談」と

呼ぶこともあります。

(3) 学校カウンセリングと学校教育相談

　次に「学校カウンセリング」と「学校教育相談」の関係についてです。先ほどみた國分や田畑の定義でもわかるように、これまで両者を厳密に分けるべきだという発想は、あまり強調されてきませんでした。

　しかし、両者を分ける考えをもった人がいないのかというと、そうではありません。たとえば大野(1997c)は、「学校における教育相談を学校教育相談として構成し、これをスクールカウンセリングと、スクールカウンセリングを構成する推進・組織する機能・役割・活動・土台づくりというプロモーティングとの両者で把握し、さらにこの両者の活動があいまって、学校を生徒にも教職員にも、そして地域社会にあっても気持ちのよい時空間(コミュニティ)にしていく学校づくりが展望されている」としています。

　では、私はどう考えるかというと、大野とほとんど同じです。

　もう一度、42頁の＜図2　学校教育相談の構造＞をみてください。この図の真ん中にあるのが、＜カウンセリング活動＞です。私はこれを＜学校カウンセリング＞と呼んでいますが、これは大野の言うところの＜スクールカウンセリング＞と同じものを指していると言ってよいでしょう。この＜学校カウンセリング＞が、学校教育相談の中核になります。

　ただ、学校においては、この＜学校カウンセリング＞だけでは機能しないと私は考えています。つまり、学校カウンセリングを学校で機能させるためには、その土台作りのための「プロモーション活動」が必要不可欠です。また、学校カウンセリングが機能していればそれでいいのかと言えば、そうではありません。カウンセリング活動が展開されていても、そこから得られた知見を学校システムの再構築に生かす「統合活動」が展開されていなければ、生徒にとって良い学校を作り出していくことにはなりません。学校教育相談は、このような「統合活動」と「プロモーション活動」を含むも

のとなる必要があると私は考えています。

なぜ両者を区別するか

多くの方が「学校カウンセリング」と「学校教育相談」を区別していない中で、私はこの二つを区別することにこだわります。

その理由は、「学校教育相談」を「学校におけるカウンセリング活動」と事実上同義に扱ってきたことが、「プロモーション活動」と「統合活動」を軽視する結果を生み、それが学校カウンセリングが日本の学校に定着してこなかった理由の一つとなっていると考えるからです。

もうすこし説明しますと、「学校カウンセリングを機能させるためにはどうすればいいか」という視点に立ったプロモーション活動をもっと重視しなければ、今後も学校カウンセリングの定着は困難だろうし、「カウンセリングがしなやかに根付いている学校の創造」をめざす統合活動がなければ、1980年代のような逆風が吹いたときには、学校カウンセリングは再び教育の片隅に追いやられ、よけいもの扱いにされ、一つのムーブメントに終わってしまう危険性がある、と私は感じています。

もう一つ。第1章でMyrick（1993）の「多くのスクールカウンセラーはこの技法を含む既存の技法を学校状況に適用しようとして挫折してきた」という指摘を引用しましたが、これは、専門機関におけるカウンセリング技法はそのままでは学校では機能しないことを意味しています。つまり、学校バージョンに変えなくてはいけないのです。

しかし、「学校バージョンのカウンセリング」がどのようなものなのかは、具体的に明確になっているわけではありません。それを明確にすることは、これから学校カウンセリングにかかわっていくすべての関係者に課せられた課題でもあると思います。

この「学校バージョンのカウンセリング」を創造していく過程で、「プロモーション活動」と「統合活動」が必要になると私は考えています。なぜならこれら二つの活動を展開していくと、その過程で「いままで既存の理論

や方法を生徒・学級・学校に適用しようといろいろやってみたけれど、どうもうまくいかない。先生方も受け入れてくれない。これはどうやら適用しようとしてきた理論や方法論自体を修正しなくてはならないようだ」ということが徐々に見えてくるからです。つまり、二つの活動は"既存の理論や方法"を振り返る視点だということです。

　逆に言えば、これら二つの活動を展開しなければ、自分のやっていることや用いようとしている理論や技法の問題点にも気付くことがなく、いつの間にか、「自分はちゃんとカウンセリング活動を行っているのに、先生方(学校)は理解しようとしない」といった学校批判や教師批判をすることになり、結果として、さらに学校カウンセリングを学校社会から遊離させてしまうといったことにもなりかねないからです。

　くどくなりますが、「学校カウンセリング」を学校で機能させ、定着させるには「プロモーション活動」と「統合活動」が不可欠です。このことを教師カウンセラーもスクールカウンセラーも意識し、自分たちのこの領域での活動が十分なものになっているかどうかを絶えずチェックすることが重要です。

第3章
学校教育相談活動の実際

> 　理論と実践の関係は東京タワーに上るようなものです。上るほど見通しは良くなりますが、具体的なものが見えなくなります。逆に地面に近づくと、具体的な様子がわかるようになるのですが、逆に全体の見通しはほとんどなくなってしまいます。
> 　これを「実践無き理論は空虚であり、理論なき実践は盲目である」と言った人もいます。
> 　さて、第3章は「理論から実践へ」ということです。第2章までの理論を生み出すにいたった実践を紹介します。
> 　いずれにせよ、絶対的な理論も完璧な実践もあり得ません。大切なのは、上ったり下りたりしながら、理論を修正し、実践を修正することです。是非、批判的に読んでみてください。

1　教育相談担当者の視点

　ここまでの章で、私の考えている学校教育相談の基本的な枠組みは理解していただけたかと思います。この章では、まず最初に、教育相談係は頭の中でどんな意識を持ちながら活動していけばいいのかということをまとめてみました。以下の視点は、私が教育相談係として日頃意識していることをまとめたものです。

「一般の生徒に何ができるだろうか」

　学校にいるほぼすべての生徒に何ができるかということを教育相談係が意識して活動することが重要です。相談室活動にしても、一般生徒に対しての活動として位置付ければ、活動のあり方が変わってきます。たとえば、相談室には進路関係のものを置くとか、最近注目されているピアサポート活動を取り入れるなど、いろいろなことが考えられます。

「どうやったらカリキュラムの中に組み込める活動を作れるか」

　これからの学校教育相談は、HR活動をはじめとする特別活動の中に、また、カリキュラムの中に食い込んでいくことが大切です。相談室活動においても、グループ面接、グループワークなどを実施する可能性を探る必要があると思います。

「対人関係能力を育てる方法はないか」

　いじめや登校拒否といった問題の根底には、子どもたちの人間関係の調整力の脆弱化があると感じている先生も多いのではないでしょうか。こうした今日的課題に対し、学校教育相談は何らかの具体的なアプローチを考え、提案していく必要があると考えます。

「反社会的な問題行動を起こした生徒にかかわれないか」

　喫煙や暴力は生徒指導部が、登校拒否などは相談係が担当するという暗黙の了解が存在する学校はないでしょうか。そうした状態を放置すると「教育相談は理屈は言うが大変なことには手を出さない」という反感や「教育相談は反社会的な問題行動には役に立たない」という誤解が生まれてしまいます。教育相談がなかなか学校に定着しない主要な原因の一つがここにあると私は思っています。

　カウンセリングの本来の機能を考えるとき、喫煙や暴力等の問題行動生徒にも教育相談係が積極的にかかわっていくべきだと思いますし、かかわ

れる体制をつくっていく必要があります。私の体験からも、現場の根強い拒否感を払拭するには、この辺が案外重要だと思います。

「生徒指導に積極的にかかわれないか」

文部省は、生徒指導を「一人一人の生徒の個性の伸長を図りながら、同時に社会的な資質や能力・態度を育成し、さらに将来において社会的に自己実現できるような資質・態度を形成していくための指導・援助」と規定しています。

しかし実際の生徒指導は、校則の違反を取り締まったり特別指導に追われたりで、なかなか本質的な生徒指導を展開できないでいるのが、多くの学校の現状のように思います。学校教育相談はもっともっと日常の生徒指導にかかわっていく方策を探るべきでしょうし、進路指導と同様に、それが可能な場面や内容はずいぶんあるはずです。

「担任の生徒理解をもっと深める方法はないか」

生徒理解を深めることは、より的確な指導につながります。一般に理解は情報によって成立します。ですから担任に対し、生徒の情報をなるべく多く提供するにはどうしたらいいかを考えることが大切です。心理検査の実施とフィードバック、自分史の作成、生徒や保護者の意識調査、実態調査を行うなど、工夫の余地はあると考えます。

「進路指導に積極的にかかわれないか」

中高生の悩みで最大のものは学習と進路に関するものです。しかもこの領域の悩みについては、生徒は教師を相談相手に選択することが少なくありません。だとすれば、ここを切り口に生徒にかかわっていくことがもっとも効率的だといえます。生徒の側の抵抗感も薄くなるでしょう。

また、進路相談は開発的教育相談の典型的なものです。ここを切り口に自主性や計画性、情報検索能力、自己理解、自己決定能力などさまざまな

能力を育てていくことが可能だからです。進路指導との連携を図りながらできることを探れば、いろいろな実践が可能です。

「保護者にもっとかかわれないか」
　親子関係、家庭の大切さはいまさら強調するまでもありません。保護者会、三者面談などの場面で教師と親とのコミュニケーションをより中身のあるものにし、今以上の信頼関係と協力関係を築くことに学校教育相談が貢献することは十分可能だと思います。

「相談的視点を学校や学年の経営に生かせないか」
　相談室活動がどれほど活発でも、個人としてすぐれた実践を行っていても、学校が変わっていかなければ学校教育相談はその役割を十分に果たしているとはいえません。少々大げさかもしれませんが、学校教育全体、あるいは学校風土を教育相談的視点から見直し、再構築することが学校教育相談の最終的な目標であると私は考えています。その具体的な一歩として、例えば主任会議や学年会の中で、相談的視点に立った提言をしていくことが大切だと考えます。

2　組織的活動のための基盤を作る

　学校教育相談を絵に描いた餅にしないためには、第2章で述べたプロモーション活動を通じて、具体的な活動をするための基盤を築くことが必要です。以下の内容は、私が実際に行っていることです。校種や学校の実態によって当てはまらない部分も多いとは思いますが、参考までに記しておきます。

係会議を時間割の中に設定する

　本気で教育相談活動を定着させるつもりならば、係会議の定例化は「絶対必要条件」だと思います。その時間は「時間割の中」です。かつて、どうしても時間割の中に係会議を組み込めなくて放課後に会議を設定したことがありましたが、活動の停滞は避けられませんでした。そうは言っても小学校などではむずかしいことでしょうが、要は、忙しい毎日の中で活動を軌道に乗せるためには、係会議の時間を、できれば無理の少ない形で、週に1回設定することが極めて重要だということです。

管理職・各分掌の主任と話しをする

　教育相談係が主任会議などに参加できればいいのですが、そうした状況にある学校はむしろまれでしょうから、学校運営上のキーマンである管理職や各主任とは個別にでも話し合いをし、意思を疎通させることが重要です。情報をオープンにし必要な調整を行います。そうした取り組みの中から相互協力が生まれてきます。これは相談主任一人がすればいいことではなく、教育相談係一人ひとりが実行することが大切です。

　管理職や主任の中にはアンチ教育相談の人もいるかもしれませんが、誤解に基づく部分も少なくありません。実際に効果が上がったりすると、そういう人たちは「教育相談はオレには合わないが、あいつらは一所懸命やっているみたいだし、効果も多少はあるみたいだから、まあ、やらせておこう」となるようです。

　また、学校教育相談の必要性については、一般論としてはかなり定着しつつありますし、そもそも生徒のためにやっているのですから、小さくなっている必要はありません。くどいようですが、キーマンには逐次情報提供し、意思を疎通させること、連携を密にすること、そして、十分に説明し、粘り強く、主張すべきことは主張していくことが大切です。

人数を確保する

組織の形態も大切ですが、それより大切なのは人数を確保することです。実務をこなしていくには人数は多いほうが楽ですし、係会議の中で育てていくこともできます。これは人事異動の激しい公立学校ではどうしても必要なことです。また、学年の情報をキャッチしてケアすべき生徒に素早く対応したり、学年の進路指導などにかかわっていくためには、ある程度以上の規模の中学・高校であれば、養護教諭とともに少なくとも学年に1人はほしいところです。

私の勤務校では、学年から1名、養護教諭、教育相談専任の5人を核として、＜希望者＞が加われるようにしています。その中に他分掌のメンバーが入っていれば連携もとりやすくなります。教諭が50名ほどの学校ですが、ここ数年、教育相談係は8～10名です。

もちろん、これだけの人数を確保することは不可能だという学校も多いと思います。私の学校もそうでした。その場合、とにかく志を同じくするメンバー、関心のあるメンバーで、ちょっとした勉強会などからはじめていくことがよいと思います。とにかく集まらないと、炎は小さくなってしまうからです。集まる中でアイデアも生まれ、志も育っていくものです。

2時間連続の空時間を作ってもらう

実際に面接を担当しはじめると、放課後だけで対応するには無理があります。小学校では無理でしょうが、教務部に交渉して2時間連続の空き時間をできるだけ多く設定してもらうと、保護者との面接などはずいぶんやりやすくなります。また家庭訪問を考えると、午後の授業のない日を作ってもらうとずいぶん動きやすくなります。

予算を確保する

予算的裏付けがなければ活動を展開するのもなかなか困難です。予算編成のやり方や時期は校種や学校によって違うと思いますので特に述べませ

んが、相談室を整備したり、研修会をはじめとするさまざまな活動を行っていくには、予算の確保が重要になってきます。

新入生と保護者に顔を覚えてもらう

入学説明会などで、学校教育相談の存在を知らせることと、担当者の顔を覚えてもらうことは、相談室の敷居を低くする上でとても大切なことです。また在学中に何らかの問題が起こったとき、連携がとりやすくなります。

また、新入生に対して学年集会などで相談室の説明をすることも必要です。ある学校で教育相談係が各教室を回って相談室の説明をしたところ、利用者が急増したという話を聞いたことがあります。そんな方法もいいかもしれません。

相談室案内を出す

相談室活動を行う場合は、相談室案内を全生徒に配布します。私の勤務校では、生徒の関心を引くようなちょっとしたエピソードを加えて、Ａ4判の相談室だよりを毎月１回発行しています。Ｂ4にしていないのは、いろいろな先生が作るにはＢ4では負担が大きくなって長続きしないと考えているからです。

年間計画を作る

計画がないと、行き当たりばったりの活動になりがちです。また、計画がなければ実行も評価も生まれません。教育相談係会議では年度末から年度当初にかけて、１年の活動を振り返り、目標を再設定し、新年度の活動方針をきめ、年間計画の作成に取り組むことになります。ここまでをちゃんと時間をとって練り上げ、職員会議などで連絡しておくと、その後の１年間の活動をスムーズに展開しやすくなります。

3　現場の治療的ニーズにどう応えるか

治療的相談活動の位置づけと構造

　児童生徒数は減少しているにもかかわらず、不登校は増え続け小中学生だけで年間13万人を越えてしまいました。不登校だけではなく、ていねいなかかわりを必要としている子どもたちが、どんどん増えているという印象があります。

　前章で、「これからの学校教育相談は開発的な方向へ」といった趣旨の書き方をしてきましたが、それはこうした子どもたちへの対応を軽視していいということではありません。時代は、専門機関の物まねではない、学校の特質を活かした治療的相談活動の確立を求めていると思います。

　では、＜学校教育相談における治療的相談活動＞とはどのようなものでしょうか。

　「治療」という視点から考えれば、学校は専門機関に比べて格段に見劣りします。当然、学校の行う治療的相談活動には限界があります。その一方で、学校には専門機関にはないいくつかの利点もあります。

　第一に「学校は早期対応に関しては最適の機関」です。

　多くの場合、生徒や家庭が専門機関に出向くのは事態が深刻化してからですが、学校はSOSのサインさえ見逃さなければ、きわめて初期の段階で生徒にかかわることが可能です。

　第二に「生徒に積極的にかかわることが可能」です。

　学校は社会的に許容されたさまざまな指導や援助の方法を持っています。専門機関の場合、来談しなければ治療関係は発生しませんし、来なくなればおしまいです。学校は家庭訪問も可能ですし、呼び出しも可能です。

　第三に「学校には豊かな人的資源」があります。友人も教師も学校にいる

のです。

　第四に「関係(システム・環境)を操作することが可能」です。

　専門機関の基本的な対応は、該当の生徒をその生徒が帰属しているさまざまな＜関係＞からいったん切り離し、＜治療＞をし、そして再びもとの＜関係＞の中に戻すというやり方です。専門機関自体がそのような対応を好むとも言えますし、生徒の帰属する＜関係＞との接点がないためにそうせざるを得ないとも言えるでしょう。しかし、学校は、生徒の帰属している＜関係＞そのものであり、必要があれば＜関係＞自体を変えていくことができます。友人関係でつまずいた子どもを個別に援助する一方で、「人的資源」を生かしながら、＜友人関係＞そのものにアプローチし、より健全な環境を創造できるのです。

　こうした学校独自の利点を生かして、援助ニーズの高い生徒にかかわっていくやり方が、専門機関にはない＜学校教育相談における治療的相談活動＞ということになるでしょう。これを「学校モデル」と呼ぶことにします。では、その実際を見ていきます。

治療的相談活動の実際 ── チーム援助

チームでかかわる

　治療的なニーズの高い生徒が出てくると、担任の中には、一人で抱え込んでしまう担任や、逆に係に「すべてお任せ」してしまう担任もいます。係も何の相談もないことに疎外感を味わったり、逆に何人も任されて苦しくなってしまったり、なかなかうまくいきません。

　どうすればいいのでしょうか。ちょっと頁をさかのぼって、第2章の図3(45頁)をみてください。＜治療的カウンセリング活動＞にはA・B・C・Dの四つが関係しています。つまり、治療的なニーズを持つ生徒に対しては、専門機関・スクールカウンセラー・教育相談係・養護教諭・担任・その他の関係者がチームを組んでかかわるということです。つまり、「学校モデ

ル」の基本は、チームでかかわるということです。

　一段落目に書いたことは実は私自身の体験です。その中で試行錯誤し、こういう発想が生まれたということです。最近は、チームでかかわった実践例が多く報告されるようになり、とてもいいことだと思います。この援助チームについては石隈(1999)がかなり詳しく書いていますので、そちらも参考にしてください。

実際の流れ

　チーム援助の実際の流れを、不登校を例にして説明します。もちろん、これは例であって、実際にはいろいろなケースがあると思います。

⑴ 1年の学年会議でA組担任の前田先生から、吉田さんが最近欠席がちで、保護者が心配して電話があったとの報告がある。

⑵ 学年会終了後、学年の教育相談係が前田先生と話をし、情報を収集。欠席がすでに10日を越えたこと、断続的に休んでいること、人間関係を作るのが苦手でクラスでもあまり友人はいないことなどの情報を得る。

⑶ 学年の教育相談係と担任が相談主任のところにきて、第1回チーム会議。学年の係がこれまでに実施した心理検査や自分史などの資料を個人ファイルより取り出して用意。これを見ると、かなり援助ニーズの高い生徒であることが理解できた。現状であれば、早期に対応することで完全不登校を防げる可能性もあるので、援助チームを作る方向で動こうという意思決定をする。

⑷ 相談主任から学年主任に、係として動くことを報告し、協力を要請。

⑸ 翌日、第2回チーム会議。メンバーは、担任・相談主任・学年の教育相談係・学年主任。また、保健室に出入りをしているという情報があり、養護教諭も参加。計5名。まずは状況の確認。スタイルのことで笑われたことを過度に気にしていて教室に入りにくくなっているので

はないかということ、保護者は子どもの過敏さが原因と感じながらも、無神経なことを言うクラスメートを指導してほしいという願いをもっていること、華道部に入っているが最近は欠席がちであること、などが情報として出てくる。

次に、彼女をサポートできるのは誰か、どのような場面ではうまくいっているのかなどの情報を出し合う。昼食は鈴木さんや金平さんと食べていること、成績は良好で、特に数学が得意であること、華道部には接点のある生徒が何人かいて、その中に中学校が一緒で面倒見の良い増田さんがいることなどが明らかになる。

次に、役割分担。学年主任は、教科担当者や学年団への協力の依頼、保護者面接に最初同席してもらって、学校として対応することを保護者に伝える役。相談主任は保護者面接と全体の連絡調整係。担任は保護者への連絡と面接への同席、増田さんに一緒に部活動をやるように働きかけてもらうことを華道部の顧問に協力依頼する、鈴木さん・金平さんの両名と話をして様子を聞くこと、クラス全体への指導。学年の教育相談係は、授業での接点があるので、理由をうまく見つけて個人的に話す機会を数日中にもうけること、担任と一緒に学年会での状況報告。

以上のことを決め、次回を10日後にして30分で解散。

(6) 10日後、第3回チーム会議。相互に状況の報告。この3日間は欠席。クラスメートの対応は改善。気にしすぎて出てこられない。鈴木さん・金平さんと一緒の時は笑顔も見られた。最近は伊藤さんも一緒に昼食を食べている、部活動は出席できず。学年の教育相談係と話しはできた。登校したいが教室には入りにくい状況。

次に方針。相談室登校を勧め、その中で援助していく。

次に役割分担。学年主任は、管理職への報告、相談室での自習課題の作成と空き時間にかかわることを学年団・教科担当者に協力依頼。学年の教育相談係は、相談室登校時に鈴木さん・金平さん・吉田さん・伊藤さんの

4人で、放課後にグループ面談を実施。当面は週に2回。担任は、鈴木さん・金平さん・伊藤さんに昼食を相談室で食べるように話をする、相談室に顔を出して雑談をする。相談主任は専門機関との連携も視野に入れながら保護者面接を継続、1学年会議を受けて職員会議で相談室登校になったことを報告し協力を依頼。養護教諭は、不登校の相談に応じる専門機関をリサーチしておく。また、事態によっては、出席日数などを含めた教務的な配慮・個別の援助プランを考えるため、管理職や教務を含めた「教育相談委員会」を開くことを念頭において今後活動することを確認。

以上のことを決め、次回を2週間後か事態が変化したときと決め、30分で解散。

不登校にせよ摂食障害にせよ、おおよそ似たような流れになります。図4は、この流れを図式化したものです。

チーム援助の具体例

チームの作り方は、学校の実態や問題の性質によって、そのつど違ってきます。以下は、理論的な根拠があるというものではなく、私が10年以上やっている中で「こんなところに落ち着いてきた」というものです。
①責任の明確性、現実性、機動性を考慮し、原則的に担任・学年主任・教育相談係の3名をコア・チームとする。
②ケースが発生した場合、可能な限り早く「チーム会議」を開く。最初の招集は①の3人の誰が行ってもよい。

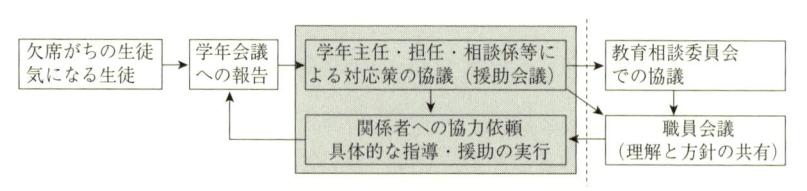

図4　特別な援助ニーズをもつ生徒への対応の流れ

③会議ではその週の指導方針・指導内容・役割分担を決定する。チームのメンバーがそれぞれの立場を生かして指導と援助の役割を担う。その際、担任が問題解決の中心的役割を果たすことができるように配慮する。
④チームは、家族、友人、養護教諭、教科担当等の人的資源の活用と専門機関との連携を視野に入れる。
⑤「チーム会議」は週1回を目安とするが、実態に応じて変えてもよい。会議の最後には、必ず＜次回の会議日＞を決める。
⑥会議の時間は、初回はある程度必要だが、2回目以降は30分以内に収めることを目標とする（負担になると長続きしない）。
⑦2回目以降の「チーム会議」の招集は、担任の負担軽減を考えて相談係が行う。

チーム援助の利点

以下は、今述べた形でのチーム援助の利点です。
①チーム内で情報を共有することで、教師の生徒理解がより多角的で深いものになる。
②「担任の申し出」「学年主任の判断」「教育相談係の判断」の3ルートで活動が始まるため、担任の抱え込みなどが減少し、必要なケアの提供と早期対応が可能になる。
③学年主任を通じ、学年団等の協力を得やすくなる。
④学年主任を通じ、管理職との連携がしやすい。

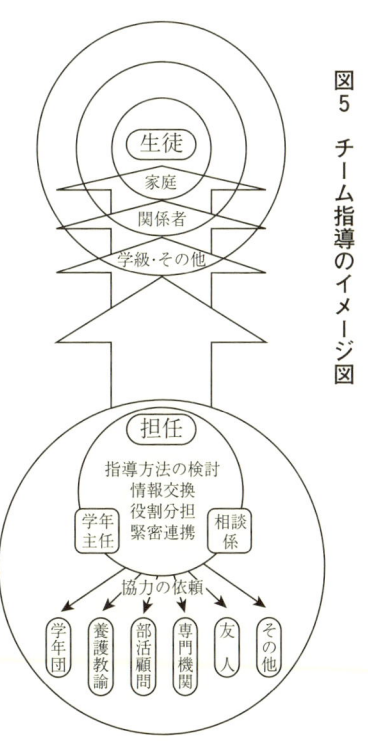

図5 チーム指導のイメージ図

⑤教師が複数で、しかも組織的に対応していることを家庭が知ると、学校の誠意を感じるためか、家庭が協力的になる。
⑥担任や教育相談係の苦悩を軽減できる。特に、うまくいかなかったとき、担任が自責の念にさいなまれるといった事態を軽減できる。
⑦教育相談についての体験的理解者が増える。
⑧教育相談係の専門的視点や技量を生かせる。
⑨チームの一人ひとりの立場を生かした指導が可能になる。

　コンサルテーションやコーディネーションは、通常は「専門家」の仕事です。そのため、私の中には、「教育相談係が＜専門家＞の立場に立つようなやり方は、本当に現場になじむのか、また実際に請け負えるのか、担任は自尊心を傷つけられないのか……」といった疑問がありました。そうした疑問から、より自然な形でのコンサルテーションやコーディネーションを模索する中で、「チーム援助」というやり方になっていったのです。教育相談係は＜専門家＞としてケースにかかわるというより、チームとして共に活動する中で、それら二つの機能を果たすように活動します。

チーム会議の場としての教育相談係会議

　ケースが生じた場合、担任や学年主任には可能な限り「相談係会議」（週1回、時間割の中に設定）に出席してもらい、その中で「チーム会議」を行うようにすると時間が省けます。
　実際にはそれができない場合が多いのですが、その場合には、ケースを担当している人が「チーム会議」の詳細を係会議で報告し、援助のあり方を全員で討議します。そして、その結果を次の「チーム会議」に反映していくわけです。このような取り組みによって、教育相談係全体で生きたケースを考えることになりますから、係全員が係としての実践力をのばすことができます。組織的継続的活動の展開にはこうした視点も重要です。

「学校」がケースにかかわるということ

　治療的活動での一番大きな問題は、生徒にどのようにかかわるかというより、担任や科が抱えこんでしまって、生徒にかかわれないままになってしまうことではないでしょうか。担任からの申し出だけにすると、担任による差が出てしまい、援助を受けられる生徒と受けられない生徒が出てきてしまいます。チーム形成が担任からだけではなく、教育相談係や学年主任からもスタートできるようにしておくと、動きがスムーズになります。

　また、問題が比較的幼い頃から続いているような場合、保護者は「困った」とは思っていても、あきらめていたり、学校不信に陥ったりしていることも少なくありません。そうした状況を破っていくには、学校が「本気」であることを目に見える形で示す必要があります。それをわかりやすい形で実行するのがチーム援助だと思います。

　もちろんチームでかかわったからといって、すべてうまくいくわけではありません。しかし、たとえば援助がうまく機能せず退学にいたった場合などでも、チームでかかわっていれば、保護者は学校に感謝の思いを持つことが圧倒的に多くなります。

　なお、チーム援助では学年主任が加わることが重要です。そのケースに協力してもらうことはもちろんですが、学校のキーマンの一人が教育相談にかかわり、体験的に教育相談の効果を感じることは、その後のやりやすさに少なからぬ影響を与えます。

どうやってはじめるか

　チームを作るには、むずかしい部分もあります。「担任の壁」「人間関係の壁」「科の壁」「自分の心の壁」……。さまざまな「壁」にはばまれて連携がとれなくなるからです。しかし、治療的対応を必要とする生徒がいるなら、その必要に応えられる体制を学校がとることは当然のことです。その視点に立って、まずは自分自身の壁を乗り越え、学校としてののぞましいあり方を提案していくことが必要ではないでしょうか。

チーム援助を始めるにあたって、先生方にチーム援助というイメージがわかない状態では変な誤解が生まれたり、抵抗があったりするかもしれません。そんな場合は、実際のケースにチームでかかわっていき、そのプロセスをある程度公開していくことが一番よいように思います。実際、私はそうしてきました。そうする中で、「領域を侵されるのではないか」といった誤解に基づく抵抗感などはかなり解けていって、「ああいうやり方だったら、自分のクラスで問題が起こったときには教育相談係と一緒にやっていこう」という気持ちになるようです。

　一朝一夕にうまくいくとは思いませんが、係自身が「生徒にかかわるのは学校全体であって、個人ではない」ことをもう一度確認し、地道な発言と実践を積み重ねていくことが大切だと思います。

ケースマネージメントという発想
　治療的相談活動の「学校モデル」で、教育相談係が果たすべき役割の中心は、何でしょうか。

　それは、その生徒をしっかりと把握し、問題解決までのプロセスをていねいに見守り、関係者が適切なタイミングで適切な介入ができるように、全体を調整するということです。適切な言葉かどうかわかりませんが、私はこれをケースマネージメントと呼んでいます。

　もちろん、教育相談係がカウンセリングやコンサルテーションをできるに越したことはありません。しかし、もし外部にそれができる人的資源を確保していれば、係はカウンセリングができなくてもかまわないわけです。コンサルテーションもできなくていいのです。カウンセリングとコンサルテーションをできる人を確保しておけばいいのです。

　治療的相談活動の「学校モデル」で一番大切なことは、ケースをていねいに見守る中で、その生徒に必要なカウンセリング、コンサルテーション、コーディネーションを「調合」していく作業、つまりはケースマネージメントだろうと私は考えています。

IEP（個別教育プログラム）という発想

ケースマネージメントと切り離せないのが、IEP（個別教育プログラム）という発想です。これはもともとは障害児教育の領域で用いられている考え方ですが、要するに、特別な援助ニーズをもつ生徒に対して、個別の教育目標とその実現に向けての具体的な援助方法を決めて、関係者が協力して実行するというものです。アメリカでは、発達障害の生徒一人ひとりに対して、IEPを作成することが義務づけられています。

不登校生徒、非行傾向生徒などの生徒は、ある意味で、特別な援助ニーズを持つわけですから、関係者が集まって情報を提供し合うことで生徒の現状をしっかりと把握して援助ニーズを明確にし、どのような教育を提供するのかをよく考えて組織的に対応するという発想を持つことは、とても大切です。前出のケースマネージメントは、このIEPの実行過程をコントロールするということでもあります。

危機対応という視点

危機と学校教育相談

ここで危機対応について述べておこうと思います。

学校における危機といえば、天変地異や事故などに対して、管理職や生徒指導主任や学年主任がまず対応するという図式が一般的でした。学校教育相談が危機にかかわるというイメージは薄かったように思います。ただこれからの時代は、危機に対して教育相談係が一定の働きをする必要があります。

では、危機とは何でしょうか。定義はいろいろありますが、要するに、本人が対処できないと感じるほどの急激な変化や衝撃的な出来事との遭遇です。自殺、自殺未遂、殺人、犯罪、暴力、いじめ、虐待、事故などはその典型で、関係する人間の心身の均衡を破壊し、極度の不安、無力感、混乱、疲労感といった状態に陥らせます。こうした危機が起こらないように

予防すること、また、起こってしまった場合にも、そのことによって生徒たちが心的外傷後ストレス症候群(PTSD)に陥ることのないように対処することが必要です。

こう書いていくと、なぜ教育相談係が危機対応をしなくてはならないかが理解されることと思います。危機的事態が起こらないような予防教育、不幸にして危機的事態が生じてしまったときの心のケア、そのための学校体制作り。教育相談係はこの三つを念頭に置きながら教育相談活動を展開する必要があるということです。

危機対応

最近は、自殺予防プログラムなどの各種のプログラムが開発されつつあり、学校教育の中に取り込んでいくことが期待されています。詳細はスペースがありませんので省略しますが、今後、心理教育としての予防教育の重要性はますます高まっていくものと思います。

次に、実際に危機的状態が起こった場合にどうするかという問題ですが、ポイントは次のようなところにあると感じています。

まずは、危機を察知したら、できるだけ早く、危機の拡大や継続を阻止することです。危機の拡大や継続の阻止がとりあえず達成できたら、次は、前述した「チーム会議」が責任をもって、可能なかぎり素早く、可能なかぎり多くの情報を集めて、状況を判断し、対処プランを考え、そのプランを関係者に周知徹底します。その際、学校のもっている資源、地域の資源などをフル活用し、可能なかぎりのサポートを提供するというスタンスが重要です。

こうして当面の危機を何とか乗り切ったら、次は該当の生徒が、もとの心理的均衡を取り戻せるまで、比較的長期にわたってケアをしていく段階です。この期間がどの程度になるかは、危機の大きさや個人によってずいぶん差があります。

危機対応の基本は、先ほど説明したケースマネージメントを、迅速かつ

的確にやるということです。場合によっては集団が対象になることもあるでしょうが、基本は同じです。危機介入においては判断力、決断力、行動力などを相当に要求されます。付け焼き刃では間に合いません。だからといって避けるわけにもいきません。ぜひ、この問題についてまとまった研修を受けるか、書籍などで学ばれることをおすすめします。

危機対応で重要なこと

実は、私は自分がかかわっている生徒が自ら命を絶つという出来事を経験したことがあります。今でも思い出すたびに心が痛みます。私を含む関係者はなすべきことをしているつもりではいましたが、事件は防げませんでした。

私たち教育相談にかかわる者たちが、ベストを尽くしてこのような悲しい出来事から子どもたちを守るために、また、「できることがあったのではないか」という自責の念に私たち自身が責められ続けることがないように、その経験から学んだことを書き留めておきます。

①サインは必ずある。気になったら、子どもの言動には特別の関心を持つこと。また、サインに敏感であることの必要性を教師が常に意識できるように、折りあるごとに意識啓発を行うこと。
②サインが見えたら、すぐに学校全体で対応できるような姿勢を学校全体がもてるようにしておくこと。たとえば、朝会や学年会で報告をし、授業でも配慮してもらったり、ちょっとした声かけなどをできるように心がける。観察で得られた情報を集約できるようにする。
③危機介入は、あらゆる都合に優先する。たとえば、授業、部活動、放課後の会議などが優先されてはならない。
④予想される最悪の事態を常に考慮すること。今まで大丈夫だったからといって、今回も大丈夫であるという保証はない。最悪の事態に備えること。その備えが実際には不必要になったとしても、喜ぶべきこと

である。

⑤サインが何度くり返されていたとしても、その生徒にとっては、そのつど＜危機＞であることを認識すること。サインの重さ、サインが出されたタイミングを軽視してはならない。

⑥サインが見えたら、サポートを即座に提供する必要性があることを前提に、考えられるあらゆるサポートを検討すること。サインはサポートを必要としていることの証。「様子をみる」ことはサポートにならない。場合によっては、サポートがなかったという事実が危機を加速する。

⑦1人で対応しない。不測の事態が生じたとき、1人では適切な判断や対処を行うことがむずかしいし、場合によっては、追い切れない責任を1人で負うことになってしまう。

⑧リスクの高い生徒の場合は、日頃から保護者との協力関係を築き、予防的な対応をすることが重要。そのためにも保護者には日常的な連絡をする。

⑨外部機関との連携を考慮する。ただし、学校に協力的で情報のやりとりが可能な機関かどうかをチェックする必要がある。そうでないと、専門機関につなぐことがマイナスの影響を与えることもある。

⑩保護者の子どもへの対応を専門的視点から支援する必要がある。保護者への支援を行っている機関を把握し、できれば機関と保護者をつなげること。

危機にある生徒を援助できる身近な大人は、親と教師しかいません。だからこそ、教師は生徒のサインをキャッチし、そのサインに対して、できうるかぎりのサポートを提供する義務があるのだと思います。それでも事故は起こるかもしれません。その時、私たち教師は、危機にある生徒に万全を期してかかわったといえるのか、ということを良心に問われるのです。

相談室の活動 ── 二つの働き

心の居場所としての相談室

　相談室の中では、係は狭義のカウンセラーとして活動することになります。

　私の体験では、常駐体制が整うと、相談室に立ち寄る生徒が出てきます。彼らはおしゃべりの中で、受験や進路への不安、失恋、友人関係、家庭への不満などの感情を発散(カタルシス)させ、そして帰っていきます。彼らに対しては「問題を解決してやろう」といった態度は無用で、真剣に話を聞き、適度に笑い、存在と感情を大切にしてかかわります。

　以前、文部省が、＜学校が児童生徒にとっての「心の居場所」としての役割を果たす＞ことが必要だと指摘しましたが、相談室が駆け込み寺としての役割を果たすことは重要だと思います。

　ただ、常駐体制にするためには、それなりの人数を確保する必要がありますし、密室化の危険性とも背中合わせであることを忘れてはいけないでしょう。特定の生徒が出入りすることによって、それ以外の生徒が来にくくなるという面も忘れてはいけません。

　現在、私の学校では常駐体制をとっていません。スクールカウンセラーがいれば特に問題なく常駐できるのかもしれませんが、私の学校にはいませんから、どうすればいいかを考えて、結局、常駐にはしていません。

　その理由は、発達支援的な活動が軌道に乗ってくるとその活動が結構忙しくなるので、教育相談係の過度な負担を防ぐためでもありますが、常駐体制をとらなくても、保健室や図書館、担任との連携を密にしておけば、そこから情報が入ってきて、治療的なニーズにはある程度対応できるので、必ずしも常駐化しなくてもすむからです。どちらがいいかは、学校の実態に応じて考えればいいのではないかと思います。

個別面接 —— 効果的面接のために

　相談室のもう一つの役割は、具体的な問題を持つ生徒に対してカウンセリングサービスを行うことですが、私たち教師にはむずかしい仕事でもあります。私自身、話を聞いてこちらも見通しがつくようなちょっとした問題ならまだしも、不登校などの問題を担任から相談されると、「わかりました」などと応えながら、心の中では「どうしよう」と困惑していた時期もかなり長かったように記憶しています。

　また、面接の目標がはっきりしなかったり、長期化する面接に精神的に疲れを感じたり、忙しさに流されて結局中断したままになったり、抱え込んで行き詰まってしまったり、ずいぶん苦い思い出があります。さらに、相談活動だけが仕事ではありませんから、限られた時間の中で、生徒を大切にしながらしかも効果的な面接をするにはどうすればいいかということは頭の痛い問題でした。

　考えてみれば、ほとんどの教師は体系的なカウンセリング訓練を受けていませんし、受けていないままで教育相談係を引き受けたりしているのが実態ですから、「しょうがない」と割り切って、やるだけやってみるという構えのほうがいいように思います。

　とはいえ、できれば効果的に面接をしたいわけです。そこで、契約という考え方をちょっとだけ、紹介しておきます。私は、交流分析の「契約」という考え方に接して、ずいぶんと楽に面接ができるようになりました。

　契約には「面接契約」と「治療契約」があります。

　「面接契約」では面接の日時、頻度、面接の進め方などを決めます。私は一応の回数を決めることも多いです。カウンセリングを学び始めた頃、「いつ来てもいいよ」と言うことが受容だと錯覚していた私は、面接の日時を決めただけでも相当に楽になりました。

　また、私は、初回面接の時点で面接回数を決めるという「時間制限カウンセリング」という技法を使っていますが、この技法を用いることで、面接を構成するという視点も育ちました。生徒の側でも問題解決に対する主

体性が強まるように感じます。この技法は学校での実用性が高い技法だと思いますので、関心のある方は勉強されると良いかと思います。

次に「治療契約」ですが、これは「何がどうなったら面接を完了するか」「どのように変わるか」ということを観察可能な行動にイメージ化してもらい、そのイメージ化された具体的な目標に向けて生徒と協力して取り組むという契約です。この「治療契約」を取り入れるようになってからは、従来に比べて面接の目標が明確化し、短期間で効果的な面接が可能になったと感じています。この「治療契約」が非常に明確に、シンプルに取り込まれている技法が解決志向アプローチという技法です。

カウンセリング技法については紙面の関係上割愛しますが、時間制限カウンセリングという技法は、今後学校に広がってほしい技法だと私は思っています。詳細については上地（2001）をご覧ください。また、この時間制限カウンセリングと解決志向アプローチをミックスし、私なりに整理した本（栗原　2001）もありますので、そちらも参考にしていただけると幸いです。

専門機関とのかかわりについて

突然ですが、質問です。「あなたの学校には、地域の専門機関のリストはありますか？」

ないようでしたら、電話帳で調べて電話をして、どんな問題に対応できるのか、カウンセラーはいるのかなどを確認して、一覧表を作っておくと、とっさの時に対応がスムーズになります。

もう一つ、もしリストがあるとすればですが、「どの機関がよいかを把握していますか？」

同じ専門機関でも、中には全く非協力的で、学校を攻撃の対象とするような医師もいて、そういうところに行くと保護者などが学校を敵視するようになり、かえって事態が硬直化してしまうことがあります。逆に、「学校の情報をください。必要があれば可能な範囲でこちらの情報も提供しま

す」と言ってくれる専門機関もあります。このような専門機関をいくつか知っておくと、非常に心強いです。養護教諭と連携し、校医を含め生徒や保護者に安心して紹介できる機関をあらかじめリサーチしておくとよいと思います。さらに言えば、いくつかのクリニックなどに実際に行ってカウンセラーや医師と話をしておくと、つなぎがスムーズになります。

　早期に専門機関と連携することで問題の複雑化を防ぎ、短期間での問題解決が可能になる場合も多いはずです。係が無理をしてケースを請け負い、結局無責任な結果になることは避けなければなりません。係の守備範囲を超える場合、医学的診断の必要が感じられる場合、福祉的・法的な措置が必要な場合などは、ためらわずに専門機関と連携するという原則を持つことが重要です。

　特にカウンセリングの勉強に熱心な先生に多いのですが、私は、善意からとはいえ、教師が困難な事例に手を出しすぎることは、非倫理的であるということを肝に銘じておいたほうがいいと思っています。私たちは、プロフェッショナルカウンセラーではなく、教師なのです。

　なお、実際に専門機関に紹介したほうがいいケースに出会った場合、「専門機関を探して行ってください」と言うよりは、「あそこの先生はこういう先生で、こんな感じの方です。10代の患者さんたちも結構来ていますよ」と言ったほうがずいぶんと楽になるのではないでしょうか。なかには「最初は一緒に行きましょう」と言ってあげたほうがいい事例もあると思いますし、私も実際にそうしたこともあります。そういう意味でも、医師やカウンセラーとは顔つなぎをしておくとよいと思います。

　なお、スクールカウンセラーが学校に入ってきてから、面倒なケースはスクールカウンセラーにまかせてそれで終わり、といった風潮が見られるようになりました。これは本当に不幸な事態だと思います。専門機関を適切に利用することは、生徒の福利に資することであり、重要なことです。しかし、どんなに深刻なケースであったとしても教師がかかわる部分はあるはずです。そのことを忘れてはいけないと思います。

治療的ニーズとアセスメントについて

　前章でもアセスメントについて述べましたが、ここでは治療的ニーズのアセスメントについて述べます。

　治療的ニーズを持つ生徒の何をアセスメントするかですが、学校教育相談で行うべきアセスメントは、原因や症状を特定することではないということをはっきりさせる必要があります。では何をアセスメントするかというと、「専門機関に行ったほうがいいかどうか」です。

　次にその方法ですが、たとえば、専門家は熟達した観察眼によって見立てをします。ところが、そのような力量は教師にはありません。以前、ある専門家に、「だいたい何人ぐらいの人と面接をすれば、ちゃんと見立てられるようになりますか」と伺ったことがあります。その方はちょっと考えて「200人ぐらいやれば一応できるようになるかなぁ」とおっしゃっていました。この数字が正しいかどうかは別として、相当な実践を積まなければ観察眼を磨くことはできないというのは本当でしょう。だとすれば、このような経験を積むことが不可能な教師には、そのような観察眼を持つことはできないということになります。だったらどうすればいいのでしょうか。

　私は今のところ、二つ考えています。一つはチーム会議の場でお互いの観察をすりあわせることです。その生徒とかかわっている3～4人の関係者が「おかしい」と感じたら、やはり「おかしい」ところがあると思ったほうがいいと思います。その際、事実の解釈ではなく、事実そのものを記録しておくことが大事です。

　もう一つは心理検査を利用することです。私の場合は、気になる生徒がいたら、その生徒と良好な関係にある教師に頼んで、「自分自身のために検査を受けてみないか」と勧めてもらいます。こうした生徒のほとんどは、自分でも「ちょっとうまくいかない」と感じているので、検査を受けることにほぼ同意します。

①アセスメントに利用する検査

検査としては、分裂病、神経症、人格障害、気分障害などを総合的にみて問題の可能性を事前に把握する（スクリーニング）するための「MINI 124」というコンピュータを使う自動診断システムが販売されています。ちょっと値段が高いのですが、私はこれが一番いいと思います。この他には、CMI（コーネル・メディカル・インデックス）という検査と、Beck 抑うつ尺度（DSI）、Zung　自己評価式抑うつ尺度（SDS）などがあれば、スクリーニングのための検査としては、一応大丈夫ではないかと思います。

なお、これらの検査は、うまく利用すれば専門機関につなぐのに非常に有効です。ただ、専門的なものに属しますし、検査結果をそのまま伝えたらとんでもないことになる可能性もあります。プライバシーの問題もありますし、こうした検査に拒否的な親もいます。これらの検査を使用する前に、かならず一度は検査についてのしっかりした研修を受けてください。

②本人と保護者への伝え方

プラスの結果が出た場合は特に問題がないのですが、マイナスの結果が出て専門機関につなげたほうがいいと考えられる場合、本人や保護者にきちんと伝える必要が出てきます。保護者への伝え方については、相手やどんな問題かによって相当違いますが、＜治療を受けるのが生徒のため＞というスタンスと、保護者の苦悩への共感をベースにして言葉を探します。

以下に一例を挙げてみます。

「最近、お子さんの行動にちょっと気になるところがありまして、関係者で情報を交換したんです。そうしましたら、○○とか△△とかという事実が出てきました。学校としては非常に心配で、本人の希望を聞いた上で検査をしてみました。これは CMI という検査の結果なのですが、この数字を見るとお子さんが精神的にかなり追いつめられた状態にあることがわかりました（CMI、DSI、SDS などは数値で結果が出るので示しやすい）。この検査では原因などはわからないのですが、少なくともこのままの状態

ではお子さんはますます精神的に追い込まれていく可能性もありますし、本人も『つらい』と言っています。できれば専門機関に行かれたほうがいいのではないかと思うのですが。親御さんはお子さんの様子で、『そう言えば‥‥』と言うようなことはありませんでしたか？（ここで話を聞く）」

「芸能人の○○さんとか☆☆さんとかご存じですか。あの方、ごく普通の方ですけど、精神科にかかられていたって新聞とかに出ていますでしょ。人間もいろいろなストレスがいっぺんにかかると、心のバランスを崩したりするもので、そういうことが人生に1度や2度はあるのが普通なんですよ。お子さんはそれがたまたまこの時期だったと言うことだと思うんです。体のバランスを壊したときは、内科とかに行きますよね。心のバランスを壊したときはカウンセリングを受けたり、神経科などに早めに行ったほうが治りが早いですよ。お子さんのためにも、こじらせて悪化する前に、早めに受診されたほうがいいと思うんですが、いかがですか？」

「あそこの先生は、うちの学校からも時々生徒が行っているので、高校生に対しても理解があって、うまく対処してくれると思いますよ」

なお、それでも抵抗がある場合は、精神科のある総合病院の受診を勧め、病院内で精神科にまわるようにしてもらうという方法もあります。

あるいは民間でカウンセリングサービスを提供しているところであれば、金額が高くなる場合もありますが抵抗が少ないという人もいます。その場合は、まずそちらを勧め、必要があればそこから医師等への受診を勧めてもらうこともできるでしょう。

また、大学などでは、研究や大学院生の訓練の一環として無料でカウンセリングサービスを提供しているところも少なくありません。そういうところの情報を把握しておくことも有益でしょう。

4　予防的教育相談

　予防的教育相談では、何らかの問題が発生する可能性をもった生徒を事前に把握(スクリーニング)し、問題が顕在化する前に、あるいは問題が軽微なうちに対応することが活動になります。
　したがって、ここで考えるべきことは二つです。一つはどうやってスクリーニングするか。もう一つは、どうやって予防するかです。

スクリーニングの方法

　いろいろな方法があると思いますが、今までに私の勤務校で実施したことのあるもの、あるいは現在も実施しているものは、次のものです。

(1)「自分史」
　高校入学時に、自分の過去を振り返って作文形式で書かせています。書く量は「幼稚園まで」「小学校時代」などの各時期ごとに200～300字程度です。目的は、書くという作業を通じて、①生徒が自己理解を深める、②生徒が自己受容を深める、③親子のコミュニケーションの促進(幼少期については保護者に聞くようにとの指示をし、親から子育ての苦労や幼児期の自分について話を聞くようにする)、④教師が生徒理解を深める、の四つですが、書かれたものを、①生徒理解の資料として、②面接の資料として、③コミュニケーションの材料として利用するようにしています。
　実際に書かせてみると、内容ももちろんそうですが、書いた分量が極端に少なかったり、小さい字だったり、読めないような薄い字だったりする生徒の場合、かなりの割合で、何らかの問題がその後の学校生活で起こっています。

(2) SCT（Sentence Complete Test：文章完成法テスト）

「自分史」の各ページの下の方に、「この頃を思い浮かべながら、次の言葉を見て頭に浮かんだことを書き、文章を完成させてください」という指示があり、「父、母、家では、私、この頃」といった刺激語の後ろに自由に文章を書くようになっています。

ここに書かれた文章を読むと、生育歴とともに、当時の家族関係や自己像などが見えてきます。かなり生徒理解の参考になります。

なお、「自分史」と「SCT」については、年度が始まってから、学年会で実際の例を挙げながら読み取り方の研修会をしています。

(3) 心理検査

これは市販のコンピュータ診断のものです。生徒の自己理解を促進するためのフィードバック資料が充実しているタイプのものもありますが、私は「予防」を意識しているので、フィードバック資料が少なくても、予防的な視点からの情報がたくさん得られるものを利用しています。

どちらがいいということではなく、目的が「予防」か「発達促進」かによって使う検査も変わってくるということです。いずれにせよ、使用する場合には、何を目的にして検査を行うのかを明確にすることが必要です。

私の学校では、1年と2年は同じ検査を利用しています。こうすると変化が読みとれるのでいいようです。また、実施の時期ですが、学校が始まって数日は緊張が過度に高いため、避けたほうがよいように思います。

この検査についても、結果が戻ってきた時に、学年会で20分程度の読み取り方の説明会を行います。こうした"ミニ研修会"を時々やることが、硬い地盤を軟らかくすることにつながります。

(4) 絵画による投影法検査

これは一斉では実施していませんが、バウムテスト（樹木画を描かせる）、HTPテスト（家・木・人を描かせる）、風景構成法などの絵画を使っ

たテストも、小学校や特定の学級などで行ったりすることは可能です。特に小学校段階では言語による質問紙検査には限界がありますから、絵画などの有効性は高いでしょう。この関係の本は随分出ていますし、研修会なども開かれていますので、関心のある方は勉強されるとよいでしょう。

(5) 学校生活の観察

　心の変化は、保健室への出入りの頻度、遅刻や欠席、服装、授業態度の変化などに必ず反映します。こうしたところに現れる変化を＜怠け＞と解釈するのではなく、＜援助ニーズの高まり＞と解釈できるような職員集団になるように、係がいろいろな場面で発言し、そういう変化に敏感な職員の雰囲気を作っていくことが、スクリーニングの機能を高める上でもっとも大切だと思います。

援助の方法

(1) ていねいなかかわりをする

　予防的な対応の基本は、ていねいなかかわりです。当たり前のことですが、一番大切です。「声をかける」「ちょっとした話をする」「提出物に少していねいにコメントを書く」などです。温かなコミュニケーションが日常的に交わされ、「自分は大切にされている」と感じることができれば、子どもたちは自らのうちにあるパワーを活性化し、自分の問題を乗り越えていくことができるからです。

　生徒が何となく悪いスパイラルにはまりつつあるように見受けられるとき、教師はよく、「しばらく様子を見よう」という言葉を使います。それは大切なことですが、様子を見るだけで何もしなければ、生徒は徐々に悪いスパイラルを加速度をつけて下りはじめます。「様子を見ながらていねいにかかわろう」というのが正しい言い方だと思います。

(2) 環境を調整する

　その生徒を取りまく人的環境、物的環境を調整することで状況を改善することは、教師ならではのかかわりだと思います。

　たとえば、孤立化傾向にある生徒に対して、クラスメイトと一緒にやる作業を頼むとか、座席を工夫するとか、いろいろな方法が考えられます。「様子を見ながらよりよい環境を整備しよう」ということです。

　こうした活動は、教師は特に教育相談とは意識しないでやっている活動でもあります。係としては、「こういう活動こそ教師ならではの教育相談活動なんだ」ということを、先生方に理解してもらうことが必要です。その時、先生方は、「教育相談って一対一の面接だけじゃないんだ。自分の日常的な活動で、生徒の立場に立って、いろいろ手を尽くすことも立派な教育相談なんだ」と思っていくようになるでしょう。このような理解が進んでいったときに、教育相談は本当の意味で定着するのだと思います。

(3) グループ面談

　心理的・社会的な問題の背景には人間関係の中で傷ついた体験が潜んでいることがきわめて多いといって間違いないでしょう。彼らは傷つき体験を通じて、懐疑的になったり、臆病になったり、あるいは無気力になったり、さまざまな形で自分の内面を表現します。人間関係の中で受けた傷は、基本的には人間関係の中でしか癒されないのです。

　こうした問題を根っこに抱えている生徒たちに有益な援助の方法がグループ面談です。この方法は非常に有効であるにもかかわらず、実際にはあまり取り入れられてこなかったように思います。そこで、少しスペースをとって解説しようと思います。

①目的

　グループ面談のねらいは、まず、他の生徒の話を聞くことで他者理解が進み、自分と他者の違いを認識できることです。これは、自分が抱える問題は自分だけの問題ではないと気づくことにもつながります。

二点目は、カタルシス効果です。自分の中にため込んでいた感情や体験を語ることで、心の緊張やうっ積を解放すること。問題そのものがなくなったわけでなくても、自分の悩みや不満を吐き出すだけで、多少楽になるようです。

三点目は、自分たちのつながりを再確認し、人間関係を深めることです。

②グループの利点

教師と一対一ではなかなか悩みをうち明けられない生徒も、グループで面談をすることでそれほど抵抗を感じずに話ができるようです。教師は、生徒が心の交流を体験し、自分の現状を肯定的に捉え、前向きな姿勢を作るための援助をすることになります。グループであることの利点を最大限利用しようということです。

③やり方

生徒の人数については、5人前後までが効果的だと思われます。これは、グループ面談の目的によって違ってくると思われますが、友人や家族などとの人間関係で悩みを抱えている生徒の場合、そのグループ内での一体感が重要になってきます。人数が多すぎると、グループ内でさらに小グループに分かれてしまい、面談がぎくしゃくしてしまうことがあります。

面談を始める前に、次の三点を確認しておきます。

・この面談は、生徒を評価・指導しようというものではなく、メンバー同士がさまざまなことを言い合って、気持ちが晴れたり友人の新しい面が見えたりして、少しでも気分が良くなればいい、というのが目的であること。

・自由にものを言っていいが、教師と生徒という関係は不動なので、明らかに生徒指導の対象になるような話題は遠慮してほしいこと。もちろん同時に、面談時に生徒が話した内容については秘密を守る、という約束をします。

・面談は、1回60分程度、週に1回のペースで4回程度を一区切りに考えておくこと。今後の予定を示すことで生徒の不安を和らげ、及び

面談の終了時点を意識させることで、面談の展開をスムーズにするのがねらいです。

④面談の流れ

4回の面談の中を、以下の3段階に分けて考えます。

初期：安心感・安全感の獲得

中期：自分の置かれている現在位置の確認

後期：近未来の目標の作成

この3段階の比重の置き方はグループによってさまざまです。第一段階が1回の面談で終わるグループもありますし、2回以上かかるグループもあります。いずれにせよ、第一段階で、心のうっ積を吐き出させる、ということを充分に行ってからのほうが、その後の段階にスムーズに移れるようです。

⑤実際の展開と介入の概要

生徒のグループがもともと持っている力を利用しようというものですから、介入行動についてはできるだけ単純なものにします。

初期段階では、生徒が安心感を得て、この場所ならば自分の気持ちを素直に出しても大丈夫だ、と思わせることを第一にします。教師は生徒の発言に対して評価や指導はせず、受容的、傾聴的態度に留意します。

生徒が心の中のうっ積をある程度吐き出し、前向きな話題が可能だと判断したら、中期の段階に入ります。生徒一人ひとりに「今の自分にとって理想の姿つまり10点満点はどんなことですか」と聞きます。それが出てきたら、「一番ひどかったときは何点でしたか」「今は何点ですか」と聞きます。ほとんどの場合、＜最悪の時の点数＞よりも、＜現在の点数＞が高いので、その理由について肯定的に掘り下げていきます。＜最低点が現在の点数まで上がったのはなぜだと思いますか＞と聞き、＜自分の頑張り＞＜友人のおかげ＞などという発言を受けて、本人の頑張りやグループ内外の人間との結びつき、支え合いがあることを再確認していきます。

後期は、中期にでた＜現在の点数＞について、「あなたにとってあと1

点上がるというのはどうなることですか」と聞き、やや改善した生活状況を具体的に想像させます。その上で、「では、そのためにどんなことが必要だと思いますか」と問いかけます。ただ、この段階になると本人の心がけだけでは解決できない面もあり、この面談の目的は＜心の交流を体験すること＞と＜自分の現状を肯定的に捉え、前向きな姿勢をつくること＞ですので、あまり掘り下げることはしません。

最後に、「今回のグループ面談を振り返ってどのように感じていますか」と生徒の感想を求めます。同時に教師は面談の中で確認できたさまざまな肯定的事実を、生徒自身の努力や、生徒同士の支え合いに帰着させながら、「面談を振り返って……と感じました」と感想を述べます。

⑥面談の効果

私の経験では、面談の前後に行ったアンケートでその効果が認められています。また、終了後の生徒の感想を見ても、おおむね冒頭にあげた三つのねらいに沿った効果を上げているようです。その中からいくつか紹介します。

まず、他者理解、自己理解が進んだというものです。「みんなどんなことを考えてやってきたのかわかった。勉強になったことがいっぱいあった」「他の二人も、大変なことがあるということがよくわかった」「先生が意外とおもしろい人だとわかった」

次に、カタルシス効果についてです。「自分の言いたいことが言えてすっきりしている」「楽しかったです。リラックスできました。気が楽になりました」　そして、グループであることの効果です。「友達がいたから、あまり緊張しないで話せた」「みんなとワイワイ楽しかった」

グループ面談によって、生徒の悩みを根本的に解決してしまう、ということは難しいかもしれません。しかし、お互いを認め合い、自分たちのつながりを再確認することで、一定の効果をあげることができるようです。

⑦グループ面談の利用可能性

グループは同じ進路目標を持つ生徒を集めたり、人間関係に悩みを持つ

生徒を集めたり、開発的にも予防的にも用いることができます。また、グループの人間関係自体が強化されるので、面談終了後の学校生活にプラスに影響することも予測されます。

5　開発的教育相談

　この活動の対象は、個人・グループ・集団などいろいろですが、いずれにせよ全生徒です。全生徒が対象である以上、その推進役は全教師です。活動場面はHR経営や進路指導、学習指導などのあらゆる教育活動に及びます。

　全教師があらゆる教育活動の中で行う活動ですから、この領域での教育相談係の仕事の中心は、最前線の教師に対し、「作戦＝理論と手法」と「武器弾薬＝教材」を提供し、「後方支援」をすることです。

　最近は構成的グループ・エンカウンター、アサーション、ピアサポートなど、心を育てるサイコエデュケーション関係の書籍が多く出版されるようになってきています。プロジェクトアドベンチャーなどの海外の文献も翻訳され紹介されはじめました。また、総合的な学習が始まることにより、「発達の支援」や「ガイダンス」への関心が高まってきているように思います。こうした状況を生かしながら、新しい実効性のある開発的な教育相談の方法と教材を生み出していくことが必要になってきていると思います。

開発的教育相談を生み出すために

まずはノウハウを手に入れる
　どうしたら開発的活動を展開できるようになるのでしょうか。
　これは大きく三つの段階に分けられると思います。まずは開発的教育相談には「どんな活動があるのかを知って」「自分、あるいは数人の仲間とやっ

てみる」ということです。

　最近は優れた実践が多く報告されていますし、民間研修でも学校で応用できるものがたくさんあります。さまざまな研究会や地域のネットワークに積極的に参加して、こうした情報を収集する必要があります。

すべての教師が展開しうるプログラムを作る

　次の段階は、「使いやすいプログラムをつくる」段階です。

　「これは使えそうだな」と思ったプログラムが、本当に使えるかどうかを試してみる必要があります。学校や生徒の特色、割ける時間などによって、他校では使えても、自分の学校では使いにくいということもあります。

　まずは自分でやってみます。もし数人のメンバー（同じ学校でも、他校の知り合いでもかまいません）で実施して、その結果をすりあわせることができれば、よりよいプログラムを作り出すことができます。

　こうしたプログラムは、実際にやってみないとわからないことが結構あります。演習などの指導者（ファシリテーターと言います）を実際にやることで、指導する際の留意点が見えてきます。

　このようにして、「使えそうなプログラム」を「使えるプログラム」へと変えていくわけです。

　また、作ったプログラムは、「指導案」（マニュアル）の形にまとめておくことが、非常に重要です。それもできるだけわかりやすく、シンプルにです。これがなければ、「全教師による活動」ができません。ちょっと手間がかかりますが、一度作ってしまえば、その後何年間もちょっとした手直しだけですみます。

実践を広げる

　次の段階が、その実践を学校全体の取り組みになるように、学校全体の状況を変えていくという作業があります。これが一番むずかしいところです。

第一段階としては、作った「指導案」を先生方に提供します。それと平行して、「私がやってみたら、こんな効果があったよ」という＜宣伝＞をしていくことです。こうした活動をしていると、開発的教育相談に抵抗のない人たちの中には、「私もやってみるから教えてよ」という人たちが出てきます。

　第二段階としては、2人でも3人でも「やってみようかな」という人が出たら、まずは「○月×日に30分ぐらいでミニ研修会を開きます」という形で、希望者を対象とした研修会を開きます。生徒の心を育てるということへの関心を持った先生方が集まること自体、大変楽しいものです。教育相談への逆風の強い環境にいる教育相談担当の先生にとっては、小さくてもこのような会がもてると心の支えになります。時間は、長いと負担になるので短めにして、実際にちょっとやってみると実践への壁が低くなると思います。なお、実践したことは、職員室等でどんどん話題にしていきます。そうした話を聞いている先生方の中に、「おもしろそうだな」と思う人が出てくれば、しめたものです。

　第三段階は、学年などの取り組みにしていく段階です。子どもたちの人間関係を形成する力が落ちていること、心が未成熟になってきていることを、よほど鈍感な先生以外は、日常の生徒とのかかわりの中で切実に感じ取っていますから、「もし打てる手があるなら打ちたい」という思いをもっているのだと思います。開発的教育相談に関心のない人や抵抗を示す人ももちろんいますが、第一、第二段階の取り組みをしていると、このような先生方の危機意識を背景にして、実践者は増えていきます。そのうちに、「じゃあ、この際、エンカウンターを学年でやったらどうだ」という声も出てきます。また、学年会などで「エンカウンターを年度当初にやったらいいと思うんですが。資料等は私が準備しますので」というと「じゃあ、やろう」というようになります。

　こうなったときには、「指導案」を元に、学年会などで「ミニ研修会」を開いて、先生方の不安などをできるだけ取り除くようにします。

ちょっと話はそれますが、やったことのないことをやるのは、誰しも不安なものです。まして教育相談にはあまり縁のなかった先生方が、開発的教育相談に取り組むというのは、考えてみれば"すごく大変なこと"なのだと思います。その不安が躊躇や抵抗や攻撃を生むのは当たり前のことだろうと思います。ですから、プログラムはなるべくシンプルで、教育活動としての違和感がなく、すでにやった教師がいて、やった様子を聞いていると「ひょっとしたら自分でもできるかもしれない」という感じがする、という状況を作り出すことが大切です。

学年等の取り組みにしていくと、中間的位置にいた先生方、つまり「教育相談の意義はわからなくもないのでアンチ教育相談ではないが、自ら積極的にやるほどでもない」というスタンスの先生方も、比較的すんなりと協力をしてくれるようになります。そして、取り組む中で「なるほど、これは意義があるみたいだ」という思いを持つようになる先生方が増えてきます。こういう状況が生まれてくると、教育相談は格段にやりやすくなります。

教育課程に位置づける

実践が広がったら、最後は、それを教育課程に位置づけることが必要です。つまり、そのプログラムの教育的意義を明確にして、年間計画の中に位置づけていくということです。「関心のある人がやる活動」ではなく、「教師ならだれでもがやる活動」として、明確な位置づけを与えるようにしていきます。

こうした実践が数年間続くと、徐々にそのプログラムの意義を、多くの先生方が理解するようになっていきます。そして係の仕事は、"年間計画に基づいて教育相談を展開すること"になっていきます。この段階に達したら、他分掌との連携をこれまで以上に密にする必要があります。

たとえば、進路指導部と協力して面接週間を設定し運営する、進路発達を促進するために、自己理解の領域を教育相談係が、進路情報の提供を進

路指導部が受け持ち、両者が有機的に機能するように共同で計画を立てる、といった具合です。

　ところで、これもちょっと脇道にそれますが、教育相談の研修は「すぐに使える実技」を志向する傾向があります。それを間違いだとは言いませんが、「開発的教育相談を教育課程に位置づける」ことは、やはり実技研修だけではできません。ある程度の「理論的な研修」をしておくことが必要になります。

教材開発の視点

　今述べたように、開発的教育相談は全教師が展開するものですから、方法論が複雑であったり、教師に高度な研修を要求するものであったりしてはうまくいきません。重要なことは、ちょっとした研修で、あるいは研修なしでもすぐに実践可能な教材を開発する必要があります。
　そこで、どのような教材を開発すればいいか、簡単に解説します。

生徒の自己理解を促進する
　第一は、生徒の自己理解を促進することです。思春期・青年期は悩み多き時期であり、大いに悩んで結構なのですが、ともするとその過程で挫折したり、行き詰まり感を抱いてしまうこともあります。そんな生徒を支え、彼らが自己の"肯定的側面"に気付いてそれを個性として自覚し、自分の未来を切り開いていけるように援助することが大切だと思います。それを可能にするのは、先生の温かいまなざしに基づいた肯定的な評価だと思います。どうすればこうしたかかわりができる状況を生み出せるか、そのための方法や活動を考えます。

教師の生徒理解を援助する
　的確な指導や援助には、的確な生徒理解が必要です。先生方の生徒理解

を、多角的でより深いものにするにはどうしたらよいか、という視点で教材や活動を考えます。

教師と生徒のコミュニケーションを促進する

コミュニケーションがうまくいかなくなると、攻撃的になったり、相手を裁いたり、無視したり、相手を避けたり、過剰適応に陥ったりしがちです。これは生徒と教師の双方に見られる行動です。一方通行になりがちな生徒と教師のコミュニケーションを、相互の心と心の交流の次元に引き上げるにはどんな教材や活動が必要かを考えます。これはあらゆる教育活動の基盤となる重要な活動です。

共感的な人間関係の中で生徒の能力を伸ばす

生徒相互の人間関係が希薄化し、クラス全体の連帯を作り出すのが困難になってきていると多くの先生方は感じているのではないでしょうか。いじめの深刻化や不登校の増加、係活動や文化祭の沈滞といった現象の背景には、こうした問題があるといえるでしょう。一朝一夕に解決するものではないでしょうが、学級の中に温かく共感的な人間関係を作り出し、その中で生徒の能力や可能性を引き出すことを援助できるような教材や活動はないか、という視点で考えます。この領域ではかなり使える教材がすでに開発されつつあり、書籍なども刊行されているので、利用されるとよいでしょう。

予防的開発的活動を支える理論

教師がその能動性を発揮しやすいカウンセリング理論があります。たとえば、交流分析、論理療法、実存主義、現実療法、行動療法などはそれにあたると思います。こうした理論を学んでおくと、先程述べた「教育課程に位置づける」段階でかなり役に立ちます。

ただ、教育相談活動を教育課程に位置づけるには、今述べたカウンセリ

ング理論を知っているだけでは実は不十分なところがあります。どういうことかというと、教育課程とはどういうものであるかとか、心の教育についての文部行政の動向などについても知っておくことが必要になるからです。

「そんな幅広く全体を理解する必要があるのか。そんなの無理だ」という声が聞こえてきそうですが、実際、私もそのすべてをわかっているわけではありませんし、そもそも私たちは学者ではありませんので、「だいたいこういうことなのか」ということがわかっていればいいのではないかと思います。

なお、第4章の最後でも触れていますが、学校教育相談という領域がある以上、それを理論的に基礎づける学問が必要になります。これを「学校教育相談学」とすれば、これは、単に臨床心理学やカウンセリング心理学だけに基づくものではなく、かなり学際的な学問になるということが、今述べたことからも裏付けられるのではないかと思います。

予防的開発的活動の実際

ここで予防的開発的という表現を使いました。このようなことばを使ったわけは、両者が密接な関係を持っているからです。

具体的に言えば、開発的活動が予防的効果をもっているということです。たとえば、生徒間のコミュニケーションを促進するような開発的活動を展開し、それがある程度の効果を上げれば、人間関係でつまずきそうな生徒もうまくやっていく可能性が高まりますし、良好な人間関係の中でかつての心の傷が癒されていったり、新たな人間関係を積極的に創造していくようになる可能性も高まります。

また、開発的活動を教室で実施した場合、その中には必ず予防的ニーズを抱えた生徒がいます。つまり、開発的活動は予防的ニーズをもった生徒への目配り・心配りの効いた活動として展開されなくてはいけないという

ことです。
　ですから、両者は理論的には分ける必要がありますが、実践的には予防的活動と開発的活動に明確な線引きは不可能です。予防的なニーズとそのようなニーズをもった生徒を十分に意識しながら活動を作り上げていく必要があります。

　さて、この予防的開発的活動は教育相談係の創造性が要求される活動です。いくつか、ヒントとなるような実践をご紹介します。

相談的視点に立って生徒の情報収集をする

　相談的視点に立って生徒の情報を収集し、その情報をわかりやすい形にして先生方に提供します。各種心理検査はその代表的なものでしょう。よく吟味して先生方の生徒理解とその後の指導援助の参考となるものを選びたいものです。また、前述した「自分史」も生徒理解にかなり役に立つものです。この他に、「保護者アンケート」を行ったこともあります。保護者の協力を得て、こちら側が聞きたい家族や家庭での生徒の様子などについて質問すると同時に、保護者の考えや思いを汲み取ることを意図しています。もちろんプライバシーには十分な配慮が必要ですが、生徒理解には大いに役にたちます。

　なお、実施するとすれば、保護者会の場で書いてもらうことができれば、見られてはいけない情報を生徒に見られたり、見られることを恐れて書きたいことを書かなかったり、あるいは生徒に変に勘ぐられて信頼関係を損なう危険性も少ないので、それが一番良いように思います。

相談室への情報の集約

　学校は生徒のさまざまな個人情報を持っています。しかし、多くの学校ではそれらの情報が教務、進路、生徒指導などの各分掌ごとにバラバラであったり、学年の引き継ぎがなされなかったりすることが多いようです。

中学校の場合は小学校からの、高校の場合は中学校からの情報を含め、こうした生徒の個人情報を整理しておき、必要に応じて担任等に提供することでその援助を行います。

　ただ、実際にやってみると、集めた情報を利用可能な形にまとめることは、意外にむずかしいし、時間がかかります。少なくとも必要なときに情報が引き出せる形にしておくといいかもしれません。

面接週間の設定と資料作成

　各学校で三者面談などの面接週間が設定されていることと思います。しかし、生徒の内面を個人的に理解するための面接は、各担任の自主的な取り組みに任されていることが多く、やらない先生方も少なくないように感じます。しかし、不登校やいじめなどの増加という現象を考える時、生徒の内面を理解したり、進路についてじっくり話すことを目的とした面接週間が、学期に1回くらいは設定されてもよいはずです。

面接資料の作成

　面接の基本的な方法などについての資料を、面接週間の前に先生方に配布します。また、家庭状況や友人関係、学校生活などについての簡単な面接予備調査用紙を作成して事前に生徒に記入してもらうと短時間で効果的な面接が可能になります。

保護者へのアプローチ

　三者面談などで「思春期の心と親子の関係」といった資料を作成して配布します。また、入学式、PTA総会、地区ごとのPTA集会などの保護者の集まる機会をとらえて「教育相談係から」という時間を設定してもらい、情報を提供して親子関係を振り返る機会を設けます。そういう取り組みを通じて、相談室に対する保護者の信頼は高まるように感じます。

構成的グループ・エンカウンター（SGE）

　構成的グループ・エンカウンターのプログラムやエクササイズ集が書籍になっています。こうしたものを参考にして LHR や宿泊研修に取り入れます。学年全体で取り組む場合は、事前に学年団などで実際にやっておくと、指導者になる先生方も感じがつかめて自信を持って取り組めるようです。なお SGE は、生徒だけではなく、保護者会や職員を対象に行うこともできます。やるとほぼいつも好評です。

進路相談・学習相談を導入した相談室運営

　特別な生徒を対象とした相談室運営ではなく、すべての生徒を対象とした相談室運営を行うカギは、「進路相談」「学習相談」を相談室活動の中にきちんと位置づけるかどうかが大きなポイントになると思います。言い換えれば、進路相談や学習相談を行わない相談室は、すべての生徒のための相談室にはなり得ないということです。

　「どなたでもどうぞ」という＜待ちの相談＞も必要ですが、「保育士希望生徒対象の進路相談会－保育士になりたい人集まれ！」といった相談会を教育相談係が開いたりすることも、＜打って出る相談＞としてこれからは必要だろうと思います。相談室のイメージが変わりますし、集まってきた生徒は共通の悩みを抱えていることも多く、そこで支え合いが生まれたりします。

各種検査を相談室に導入

　たとえば、「〇月×日、進路検査の勉強会を開きます。今回は自分の興味や関心にあった職業を知りたいという人を対象に実施します。関心のある人は相談室に来てください」といったアナウンスを相談室便りなどで流したら、どうなるでしょうか。集まる人数は増えるでしょうし、集まらなかったとしても、相談室の敷居はかなり低くなるでしょう。

　相談室に整備する検査類は、心理検査だけでなく、学習検査や職業適性

検査などを用意します。それを個別ではなく、グループで実施してもかまいません。みんなでワイワイやるのも楽しいものです。

心理検査のフィードバックの援助

心理検査でやってはいけないのは、検査のやりっぱなし、結果の返しっぱなしです。検査結果の返却は、心や感情や生活について生徒と話し合う絶好のチャンスです。本来は時間をかけ個別に返却するのが望ましいのでしょうが、忙しい学校現場ではそれも困難です。

たとえば、「結果を見て気付いたこと・感じたこと・次の自分の課題」といった質問項目の振り返り用紙を作り、検査結果と一緒に渡し、記入させた上で回収すれば、生徒が検査結果をどう受け取ったかがわかりますし、さらにその用紙に適切なコメントを加えて返却すれば、相互のコミュニケーションは深まります。当然個別指導の必要な生徒にはすぐにかかわることができますし、一斉返却が可能ですから、時間的にも好都合です。

進路指導と教育相談のタイアップの例

ここで進路指導部とタイアップして実施した進路指導の例を紹介します。

ある年、卒業生を出した担任・進路指導部・教育相談係で、これまでの進路指導のあり方を検討しました。その結果、次のようなことが浮かび上がってきました。

(1)**生徒の問題**
- 自己理解の不足‥‥適性を理解せずに3年に進級した結果、適性とはまったくかけ離れた進路選択をする場合も少なくない。1、2年のうちに進路適性を理解するための機会をもっと増やす必要がある。
- 計画性の不足‥‥先の見通しを持たない。だから行き当たりばったり

で進路先を決めたり、直前になってからようやく動き出すことが多い。
- 啓発的体験の不足‥‥体験的理解をする機会が非常に少ない。職場体験、大学体験などの啓発的体験の機会をもっと作る必要がある。
- 対人関係能力不足‥‥人間関係を作る力が落ちてきていて、それが就職試験などで見抜かれて不採用というケースが出てきている。

(2) 教師側の問題
- 個人情報の未活用‥‥模擬テスト、各種検査等の生徒の個人情報が学年を越えて蓄積されていない。個人情報が次年度担任に引き継がれず、有効利用が図られていない。
- 体験型学習の未提供‥‥現状の進路指導は、教師がお膳立てして、生徒は聞くだけという形が多い。生徒が動く進路指導に変えていく必要がある。
- 事後指導の不徹底‥‥各種検査にしても、模擬試験にしても、やりっ放しで事後指導が非常に弱い。
- 学習の定着率‥‥どのようなプログラムも1回だけの実施ではほとんど定着しない。くり返し実施することで定着率を上げる必要がある。

(3) 対策案
このような反省を生かし、これまでの良いところも生かしながら、対策を考えました。その中で、①進路相談週間のような日程を設定する、②2年の3学期に最後の個別進路相談が可能なプログラムを設ける、③人間関係形成能力を育てるような援助が必要、④3年間の進路プランの全体像を生徒も教員も把握する機会をつくる、⑤検査や模試の事後指導をホームルームや各教科で確実に行うよう工夫をする、⑥面談の記録や各種検査、模試データなどを一括管理して、運用できるようにする、などのアイデアが出てきました。

⑷進路指導カリキュラムの作成

また、進路指導の方針として、次の2点を確認しました。それは、
①「出口での斡旋」ではなく「進路発達の促進」を図る進路指導を行う。
②進路発達は1回の指導で促進されるものではなく、多様な働きかけを通じて少しずつ進むものである。そこで、教育活動の中で行うべき4領域のプログラムを角度を変えて、年間に数サイクル行う。

という2点です。ここで言う4領域とは、①自己理解、②進路情報、③啓発的体験、④進路相談、⑤進路決定、⑥追指導、という進路指導の6領域のうち、生徒の活動である「⑤進路決定」と卒業後の指導である「⑥追指導」を除いた4領域を指しています。

これをイメージ化したものが図5です。自己理解促進のためのプログラ

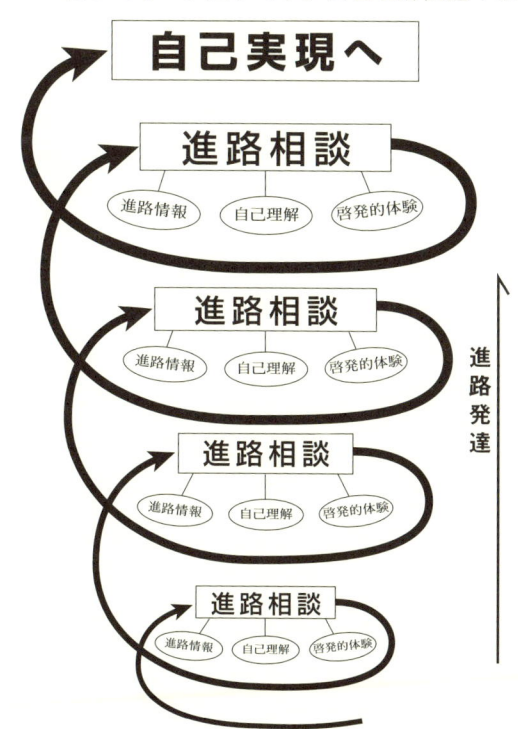

図5　進路発達促進のための進路指導イメージ

ムと進路情報の獲得、啓発的体験の機会をくり返し提供し、その過程で生徒が気付いたことや考えたことなどを進路相談の中で明確にしていく。この一連の過程を3年間を通じて何回か繰り返す中で、進路意識を育て、自己実現を援助していこうということです。

具体的なメニューについては、一つひとつ解説することはできませんのでここでは触れませんが、二つの方針に基づき、(1)と(2)でみた反省を踏まえ、また、(3)ででたようなアイデアを生かしながら、この中の「自己理解」の部分を教育相談係が担当し、「進路情報」と「啓発的体験」の部分を進路指導部が担当、進路相談の部分を進路指導部と教育相談が協力しあって担当するという形で、年間計画の中に位置づけて展開するという形にしました。

(5)進路指導と開発的教育相談

これをお読みになった方の中には、「これが教育相談？　進路指導じゃないの？」と思われた方がいるかもしれません。たしかにここで展開されている教育相談は、従来の教育相談ではありません。ましてや治療的教育相談とはまったく違います。

私は、今ここであげたようなケースが、これからの教育相談、特に開発的教育相談の一つの形になると思っています。開発的教育相談は、進路指導や道徳、特別活動など、そして何より大切な授業を再構成する視点であるということです。そして、このような視点から再構成された進路指導やその他の活動が、ごく自然に教育課程に位置づけられてすべての先生方によって実施されるようになったとき、学校教育は質的に転換していくし、開発的教育相談は学校に根付いたと言えるのではないかと思うのです。

実際の運営には、理念の風化を防ぐこと、プログラムを作ること、時代状況の変化や生徒の変化に応じて、理念やプログラムをたえず修正していくことなど、いろいろな課題があります。ですからここで例示した進路指導の流れは、一つの実践例にすぎません。

申しあげたいことは、すべての高校でこのような進路指導すべきだということではなく、開発的教育相談とは、従来の教育相談の枠におさまる活動ではなく、これまでの教育活動を質的に変革していくような、場合によっては教育全体の再構成をも視野に収めるような可能性をもった活動であるということなのです。

予防的開発的活動の重要性

最近の学校教育相談は、以前に比べれば、予防的開発的活動の重要性に目覚めつつあるといえるでしょう。とはいえ、まだ十分に展開されているわけではありません。

その原因は大きく三つあると考えます。

第一に、この領域の活動のモデルがまだまだ少ないということです。ですから係には「活動の創造」という課題が課せられることになります。

第二に、相談室の中の活動ではないということです。治療的な活動は、極言すれば他の先生方は「関係ない」わけですから、個人プレーとして校内で活動することが可能です。しかし、予防的開発的活動の場合はそうはいきません。教育相談係には、最終的には学校全体を動かしていくことが目標となるということです。

第三に、教育相談にかかわっている先生方の関心が、治療的な分野での力量の向上に偏っていたのではないかと思うのです。たしかに治療的活動に対する切迫したニーズはありますし、教育相談の働きとして、その必要に応えることの重要性を軽視するものではありません。しかし、だからといって教育相談係の主たる活動が治療的活動となることが望ましいとはいえないと思います。治療的なニーズへの対応に追われている現状を打破し、すぐれて「教育的」な予防的開発的領域の活動を創造し、具体的に展開していく時、はじめて教育相談が学校教育の中に根付くのだろうと思います。教師は治療をすることで給料をもらっているのではなく、教育をする

ことで給料をもらうのだということを確認しておきたいのです。

　ここ数年、スクールカウンセラーやこころの教室相談員などが学校に入ってきています。そして、いろいろな問題があるにしても、彼らの活動は学校に定着し始めていますし、特に予防的治療的領域では効果もあげているように思えます。今後も彼らの活動は拡大し、さらに学校に定着していく方向に進むでしょうし、そうあってほしいと私は思っています。

　では、そうなった時に教育相談係に期待される役割は何でしょうか。

　私は、それはいわゆるカウンセラーとしての役割ではなく、心理臨床家の力量を学校教育の場に活かすコーディネーターとしての役割であり、予防的開発的教育相談活動の推進役としての役割だろうと考えています。つまり、教育相談係は「治療的活動を行うカウンセラーとしてのアイデンティティ」を求めるのではなく、「予防的開発的教育相談活動の推進役としてのアイデンティティ」を求めていくべきだと強く思っています。心理臨床にかたよったマニアックな活動を展開することはプラスにはならないのです。

　日本の新たな学校教育相談を形作っていく上で、この三つの壁を乗り越えていくことが、学校教育相談を担う者たちに課せられているのだと思います。

6　学校教育相談の定着を図るために

　学校教育相談が「熱心な教師のいる間だけの一時的な活動」から脱して、生徒たちの成長と発達を支援する活動として学校教育の中に定着するためには、教職員の意識を変えていくことと、質の高い教育相談活動を実際に展開することの二つが必要です。

　そこで、ここでは「研修」という視点と、私たちの「活動上の留意点」という視点から、この問題に触れたいと思います。

三種類の研修

　教職員の学校教育相談に対する意識は様々です。ですからそれぞれの意識や力量に応じた研修を用意することが教育相談係には要求されます。学校教育相談に対しておおよそ次の5種類の人がいると思われます。すなわち、①推進者＝積極的に学校教育相談を推進する意欲のある人、②協力者＝学校教育相談の必要性を感じ研修等への参加意欲のある人、③好意者＝自分からはかかわらないが学校教育相談の必要性は認めている人、④一般者＝学校教育相談の必要性を感じていない、あるいは無関心な人、⑤批判者＝学校教育相談は有害と考えている人、です。

　当然、すべての人が満足するような研修はなかなか困難です。ですから私は、研修は、①～⑤のどのグループにターゲットを絞るかをある程度考えて行ったほうが効率がよいと考えています。具体的には、②の人を①に、③の人を②に、ということを目標にして行うことになります。

　私はこのような考えに基づいて研修を三種類に分けて実施しています。以下にその概要を説明します。（次頁の図6参照）

全体研修会

　全体研修会の目的は、第一に学校教育相談に対する正しい理解を確立すること、第二に理解者・好意者を拡大することだと考えています。

　第2章の冒頭でご紹介した調査（35頁）では、約97％の教員が「教育相談は生徒の理解に役に立つ」と考えていることがわかりました。これは教育相談を推進する立場にある者として心強い数字です。ところが別の質問では約26％の教員が「教育相談に抵抗感がある」と回答し、約32％が「自分に向いていない」と回答しました。つまり、「頭では教育相談の意義や重要性は理解できるが、いざ自分がかかわるとなると、抵抗があるし、なじめない」という教員が2～3割いるということです。これは決して少なくな

い数字です。

　こうしたことを考慮すると、全体研修会は学校教育相談に否定的な感情を抱いている人や無関心な人たちにターゲットをしぼり、彼らの心理に無理のない内容にしたほうがよいのではないかと思います。欲張って専門性の高い内容のものを取り上げると「なじめない」「抵抗がある」といった感情が強化され、「やっぱりなじめない」「やっぱり抵抗がある」といった結果になりかねません。研修会が裏目に出てしまいます。

　研修の内容については、「なるほどそうだったのか」と思えるような理論的なものと、事例研究や演習を中心とした実践的なものとを各1回、計年2回持てれば理想だと思います。

　ところで、最近は休み時間も他の生徒と話しをせず、昼休みになると食

『関心度による分類』　　　　　『関心度に応じた対応』

①推進者＝積極的に教育相談を推進する意欲のある人

Group1

①担当者研修会への参加を勧める
②パートナーとして活動する　etc

②協力者＝教育相談の必要性を感じ研修等への参加意欲のある人
③好意者＝自分からはかかわらないが教育相談の必要性は認めている人

Group2

① 希望者研修会への参加を勧める
② 専門性のある資料等を提供する
③ 各種の研修会への参加を呼びかけ
④ 資料や図書等の紹介を行う　etc

④一般者＝教育相談の必要性を感じていない、あるいは無関心な人
⑤批判者＝教育相談は有害と考えている人

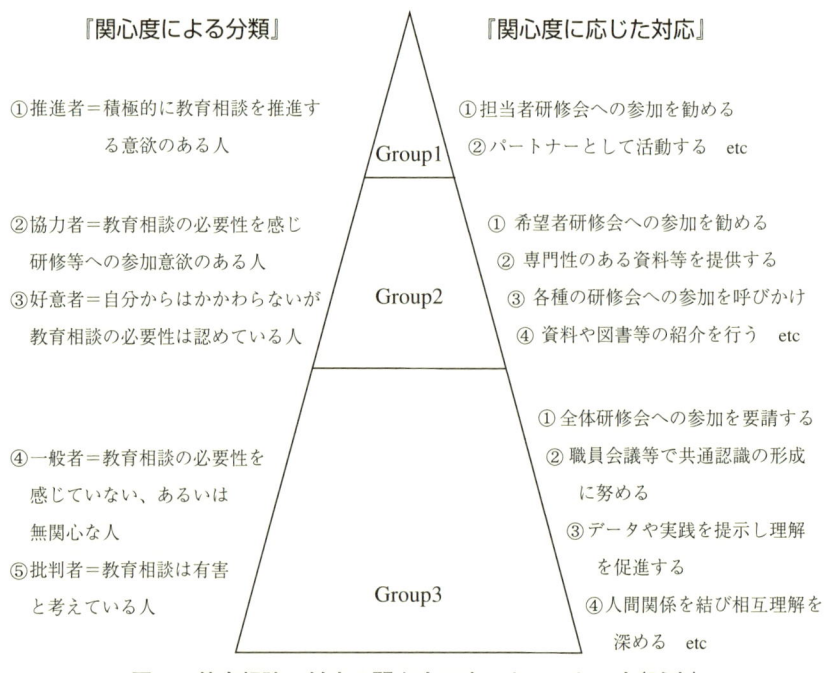

Group3

① 全体研修会への参加を要請する
② 職員会議等で共通認識の形成に努める
③ データや実践を提示し理解を促進する
④ 人間関係を結び相互理解を深める　etc

図6　教育相談に対する関心度に応じたかかわり方(試案)

事も取らずに図書室へ逃げ込む生徒が増えているようです。以前は問題傾向のある生徒は保健室へ逃げ込んだものですが、どうやら彼らにとって図書室は「人間関係を結ばなくてよい場」のようです。これは生徒たちの人間関係を作る力が徐々に後退し、保健室にさえ行けない者が増えつつあることを示しているのではないでしょうか。こうした事例を取り上げることで教師の問題意識を喚起することも大切だと思います。

希望者研修

学校教育相談に関心がある人たちを対象にした研修会です。内容は多少専門性の高いもので、人数的にも全体研修会では取り上げにくいものを扱うことになります。たとえば、ロールプレイ演習や面接の実技演習などはその一例でしょう。回数は、年1～3回が適当でしょう。あまり回数が多くなると参加者が減少する傾向もあるようですし、準備も大変です。

ところで、希望者研修に参加する人たちは、②の協力者や③の好意者ですから、できれば①の推進者になってもらえればありがたいわけです。①の推進者と好意者・協力者の違いは、学校教育相談を推進しようとする意欲と専門的力量の程度の差だと思うのですが、これを育てていくには、校内の研修だけでは無理です。地区や各種の団体で行っている研修会では、校内研修会では得られない刺激が得られますから、一緒に参加するようにするとよいでしょう。そうしたかかわりの中から核となる教師が育つのだと思います。

教育相談係研修

教育相談係は、校内のポジションとしては①の推進者に当たります。ただ、実際にはたまたま係になった人もいると思いますし、意欲があっても専門的力量に不安のある人もいると思います。こうしたメンバーが実質的にも推進者になれるようにするのが、この担当者研修です。

目的は大きくは二つです。第一に治療的なニーズに対応する力をつける

こと、第二に教育相談活動を学校内で推進する力をつけることです。週に1回、授業時間内に設定された係会議の中で行うことができれば、かなり実質的に意味のある研修ができるように思います。

ちなみに、私の勤務校では、月4回のうち、2回を教育相談係の実務、2回を研修というペースを目標にやってきました。実際には、忙しくなると研修に割く時間が短くなりますが、それでも部会の中で実際に起こっている不登校への対応を協議したりすることは、実践力を向上させるよいチャンスです。

内容は、今述べたケースの検討、面接技術の習得のための演習、書籍の学習（輪番レポート）、外部研修会参加者によるレポート発表、事例の援助のあり方についての検討会、すべての担任が実践可能な予防的開発的教材の掘り起こしや作成などです。

また、実践の支柱となる理論を習得することは、より高い次元の実践への基盤を形成する上で重要ですし、とりわけ核となる教師には必要不可欠です。そうした視点から精神分析をはじめ交流分析、論理療法、現実療法、行動療法などを体系的に学ぶことは有益だと思います。レポーターをたてて進めるとある程度のレベルを保てるし、レポーターは勉強になるので、手っ取り早くていいかもしれません。

さて、この研修で大切なのは、ともかく継続することだと体験的に思います。教育相談に取り組みはじめた頃、学校教育相談の全体像がつかめず、暗中模索の中で、それでも「とにかくわからないのだから勉強するしかない」という思いで当時の同僚たちと研修を続けました。よく準備された研修会に比べ、内容も薄くなりがちですし、あわただしい毎日の中でやるわけですから「今日は中止にしたいなあ」と思うこともしばしばでした。しかし、それでも継続することが大切です。それが1年後、2年後には力となって、いつか実を結ぶのだと思います。

相談係のリーダーになっている人は、「そんなことを言っても私自身が何をしていいかわからないのに……」とお考えかもしれませんが、日本中

探しても、何をしていいかわかっている人間などいないのですから、気楽に考えて、最初は高望みせず、何を勉強するかもメンバーで話し合って決めたらいいと思います。

とにかく継続すること、研修をつぶさないことの意味をしっかりと自覚して、責任を果たしていくことが求められます。

学年毎の研修会

たとえば、ホームルームなどを利用して各担任の指導で予防的開発的な活動が実際に行われるようになると、学校教育相談に対する関心の有無を問わず、担任は教育相談的な実践を行うことになります。必然的にその準備や実施後の評価のためのミニ研修会が学年会等の中で持たれるようになります。その研修体験を通じて先生方が「教育相談は本物だ」と感じれば、いわゆるカウンセリングマインドは先生方のなかに自然に形成され、学校教育相談の理解者は増え、学校教育相談は学校に定着していきます。そのためにも予防的開発的な活動の実践とそのためのミニ研修会は特に大切にしたいものです。

面接への同席と集団スーパーヴィジョン

この本の中では開発的予防的な活動の重要性を強調していますが、面接する力もあるに越したことはありません。ただ、面接の力を付けるのは、なかなか難しいことです。どうすればよいのでしょうか。

まず一つの方法として、「2人で面接をすること」を勧めます。一人がカウンセラー役、もう一人が記録役になって一緒に面接をするのです。面接の記録は、できるかぎり発言全部を記録する逐語記録にします。そして、面接終了後に、その逐語記録を元に、ディスカッションをします。

力量のある先生がカウンセラー役をやって、もう一人の先生に面接の記録をとりながら学んでもらうこともできますし、その逆の形にして、面接終了後に記録係の人が「こんなふうにしたら、もうちょっと違った展開に

なったかも」といった具合にアドバイスしたりすることもできます(スーパーヴィジョンといいます)。力量が同じぐらいであれば、面接の中で比較的客観的なポジションをとれる記録係が入ることで、必要なタイミングで介入してもらって面接の軌道を修正することができます。

　生徒との面接を2人でするのは難しい面もありますが、保護者面接の場合は、私の経験では2~3人でやるほうがむしろいいように感じます。3人の場合は、担任とカウンセラー役と記録係です。

　なお、実際の面接では、面接がおおよそ終わりに近づいてきたら、「何か話し落とされたことはありますか?」と質問して、「特にない」という返事があれば、「それではこれからどうしたらいいか、私たちも考えをまとめたいと思いますので、少しお時間をいただけますか」と切り出して席を外し、別室で、学校としての今後の対応や保護者へのコメント(ねぎらいや依頼)などを協議してまとめ、その後部屋に戻って話し合ったことを伝えます。

　もう一つの方法は集団スーパーヴィジョンです。

　これは係の誰かが面接をしたら、できるだけその面接過程を思い出しながら、B5~B4用紙1枚程度に再現してもらい、それを教育相談係会議で報告してもらって、みんなで考えるというものです。用紙1枚程度であれば極端な負担にはなりませんし、このようにすることで、カウンセラー役の先生は、面接を客観的に振り返ったり、他の人の考えや視点を次回の面接に生かすことができます。また、実際に面接をしていない人も生きた面接を学ぶことができます。守秘の問題もありますが、係の中の会議であれば、基本的に問題はないでしょう。

　先ほども書きましたが、面接の力量を付けるのはなかなか難しいものです。実際に面接をしていても、自分の面接がはたしてどうなのか、なかなか振り返るチャンスがありません。面接への同席と集団スーパーヴィジョンは、この問題を少しでも解決するための方策です。

　また、私がこのような方法をとるようになったのは、転勤の多い公立学

校で、次を担う人材を育てるためにどうしたらいいかを考えた結果でもあります。

活動上の留意点

論より証拠

　かなり昔のことになりますが、酒の席である先生から「いくら理屈を言ったって、結果がでなけりゃダメなんだよ」とすごまれたことがあります。その先生は「結果」を出す先生でしたので、説得力がありました。自分の実践のあり方を振り返る一つの契機になった出来事でした。

　「論より証拠」という言葉があります。相談係がいくら理論を述べても、その人柄や実践が説得力を持っていなければ、「教育相談をやっていてもあの程度」と思われて当然です。人柄はともかく、すぐれた実践をして「結果」を出せる力量を身につけるには、相当な研修が必要ですし、容易なことではないと思います。しかし、それをやらなければならないのも事実だと思います。

　ちょっと話がそれましたが、「証拠」を示すことは＜土壌＞を耕すことに大きな効果があります。たとえば、相談室がよく利用されていればその利用状況や、教育相談係の対応で状況が好転した事例などを積極的に「証拠」として提示していくことが必要だと思います。

研修内容は建設的に還元する

　教育相談を学ぶとこれまで見えなかったさまざまなことが見えてきます。それは教師としての自分の実践や教育相談係の活動、また学校教育全体を再構築するための視点となります。しかし、それは同時に＜他人や学校を批判するための視点＞となる危険性を持っています。いくら教育相談を学んでも、それを他者批判の道具として使ったり、学んだ理論や方法論を万能視し、それを他の先生に押し付けるようなことがあるとすれば、教

育相談は徐々に受け入れられなくなっていくでしょう。研修の成果は、職場や生徒の必要や感情を踏まえた上で、建設的な形で現場に還元していくことが大切だと思います。

技法志向に走りすぎない ── 現場は「なぜ？」に答える理論を求めている

最近は、生徒の問題傾向も複雑で深刻になっています。教師の多くは、「なぜ？」という疑問と戸惑いを感じながらも、とにかく目の前にいる生徒に対して取り組まざるを得ない状況にあります。

このような状況の中で教育相談に求められているのは、カウンセリングの「技術」であり「サービス」だと思います。しかし、これにまさって求められているのが「アセスメントと援助方針の提供」（どうしてこうなったのか、これからどうすればいいのかということについての答え）ではないでしょうか。技法だけではなく理論も必要だということです。

「受容的、共感的に対応してください」というアドバイスだけで担任が満足するはずがありません。担任の求める「アセスメントと援助方針」を提供できる力を係が持てるように研修を深めることが重要ですし、力量を超える場合には、校医や精神科医等の専門機関を開拓し、必要なアドバイスを受けられる体制を作っておくことが大切です。

伝統的教育相談理論からの脱却

「私の勤務校は、昭和60年代の第一次カウンセリングブームの頃に教育相談が導入され、以来30年以上の歴史がある学校です。しかし、相談係と他の教員との意識のズレが、どうにもならないところまで来ています。……なまじ旧来の概念の組織があると教育相談が特別なものになってしまって、教員全体のものにならず……」

これは、ある先生からいただいた手紙の一部ですが、伝統的教育相談理論に基づいて、治療的活動に偏った活動を展開していった先に何が起こるかを暗示しているように思います。これからは「現場に合わない」という批

判を浴びない学校教育相談とは何か、自分の学校のニーズに応えるにはどのような学校教育相談を創造していけばいいのか、を吟味しながら活動をする必要があります。

反社会的問題行動生徒にかかわる

多くの学校では、暗黙の了解として（教師の意識の反映として）教育相談の対象は非社会的問題行動、生徒指導の対象は反社会的問題行動と分けているのではないでしょうか。

もし教育相談係がこうした状態を是認しているとしたら、「教育相談は大変な生徒にはかかわらない」という意識を払拭するのは難しくなります。そして、こうした考えを職場から払拭しないことには、学校教育相談の本当の定着はないと思います。

確かに伝統的な教育相談は、神経症的問題行動が主な対象でしたから、反社会的問題行動等への対応については、ノウハウの蓄積が十分ではないと言わざるを得ません。しかし、最近のカウンセリングの理論や技法の中には、こうした生徒とのかかわりに生かせるようなものが随分あります。たとえば、反社会的行動生徒と面接する、さらにその結果を担任にフィードバックする、謹慎中の課題を教育相談的視点から見直し作り直す、遅刻指導の教育相談的なアプローチの仕方を提示するなど、具体的にはいろいろ考えられると思います。

秘密保持と情報提供のバランス

秘密保持については、いくつかの考えがあります。ですから、ここに書いてあることは私見だと思ってください。

秘密保持については大きく分けて二つの考えがあります。「面談などで知った内容は秘密にするべきである」という考えと、「学校は生徒の個人情報を共有することを前提として活動している場であるから、情報は公開すべきである」という考えです。この二つの相反する原則がぶつかってしま

うために秘密保持をめぐって考えが割れるのだと思います。

　私の考えは二つ目の原則である「学校は生徒の個人情報を共有することを前提として活動している場であるから情報は公開すべきである」という原則を重視し、その次に「面談などで知った内容は基本的には秘密にするべきである」という原則をもってきます。そうしないと、教育相談係が密室化し、教職員の協力を得られなくなるからです。

　また、心理臨床の専門機関でも、実は秘密を100％保持するということはありません。カウンセラーは、所属する機関のケース会議の席では情報を流して相互に検討し合うようなことは行いますし、自分の指導者（スーパーバイザーといいます）に対しては、すべてを報告して指導を受けたりします。つまり、来談者の福利に資するためには、守秘義務をしっかり自覚した者同士の間で情報を共有することはありうるわけです。

　そう考えると、学校は教師集団全体で生徒をよくしていこうとする場ですから、必要な情報を共有し、理解と指導方針を共有し、役割に応じた指導と援助を行うことのほうが、はるかに"生徒のため"であると私には思えるのです。「生徒のため」といって情報を出さないことが、本当に"生徒のため"になるとは私には思えません。

　ですから私は、守秘義務をしっかり自覚し合った上で、「情報を提供することが生徒の福利に資することになると考えられる範囲で、情報は"基本的には"公開する」ことがいいのではないかと考えています。

　ただ、現実的な問題としては、「口の軽い教員」の存在です。教員集団が「守秘義務をしっかり自覚した者同士」とは言えない場合もあるという実態です。

　ただ、そういう教員がいるから「秘密の厳守を基本」とすべきだというのは、本末転倒の気がします。「情報を共有しているのは、学校全体としてよりよい援助を行うためであり、教職員が人権意識と倫理的自覚を高くもって、また守秘義務を自覚して、情報を口外するようなことは一切あってはならない」ということを何度も何度も繰り返し確認して、共通認識を

形成することが本筋だと思います。

このような基本的な原則をふまえながら、同時に先生方個々の実態をふまえて現実的に対応していくことがいいと思います。

なお、秘密を破ってもいい場合があります。その第一は、その生徒や第三者の生命や健康・安全に重大な問題が生じると考えられる場合です。生命や健康・安全は秘密保持に優先するはずです。

ガラスばりの相談室運営

これがやってみるとなかなか難しく、私もよく失敗します。担任との間では情報のやりとりを密にしていても、学年の先生からは「何をやっているかわからない」と思われていたり、相談室に来た生徒の相談内容が大したことがなかったので、担任には変に心配をかけないようにと配慮して意図的にサラッと言ったのが裏目に出て、「何か隠しているんじゃないか」と思われて、担任のプライドを傷つけたり、いろいろです。

教育相談係には当たり前に思えることでも、係以外の先生にとっては当たり前でないことが多いようです。ですから、相談室の利用状況、利用している生徒の状態など、教育相談係のもっている情報を意識的に学年会や職員会議で報告していくことが大切だと思います。学期に一度を目安として、活動の報告、生徒の状況報告、来談者の数、主な相談内容などを職員会議で報告をすると、先生方は「なるほど、そういうことをやっているのか」という思いを持ってくれるようです。

教育相談係の活動は何なのかをはっきりさせること

不登校の生徒が出た場合、「教育相談係にお任せ」にしてしまって、生徒にかかわろうとしない先生もいますし、「教育相談係に出てこられては、担任としての力量を否定されることになる」と感じているのか、抱え込んでしまう先生もいます。

こうした場合の対応については、この章の「現場の治療的ニーズにどう

応えるか」の節（58頁）を参考にしていただきたいのですが、大切なことは、教育相談係は何をして、何をしないのか、不登校などの治療的なかかわりを必要とする生徒やその担任に対して、どのような援助を提供でき、何ができないのかを明確に提示し、教員の間で共通認識を作っておくことが重要です。担任にとっても、教育相談係に相談するかどうかの判断の基準となります。担任との協力関係を結ぶ上で、また連携中の行き違いを防止する上で、この点は大切だと思います。

教師の力量は連携の力

前項の話と重なりますが、「どれだけの問題を抱えた生徒に対応できるかが担任の力量」と考えている先生方にとって、教育相談係と連携するということは、自分の教師アイデンティティを揺るがすほどの出来事です。ですから、簡単に「連携を」と語っても、そうは簡単にはいきません。しかし、それでは生徒にとっては必要な援助が受けられないし、担任にとっても苦しくなる一方ですから、不幸な状態といってよいでしょう。

私は、なるべくいろいろな機会に、「これだけ時代が難しくなってきて、子どもたちの抱える問題も多様で深刻になってきている以上、一人の教師でそのすべてに対応できないのは、むしろ当然。そうした問題にある程度対処できるように研修を深める努力はするとしても、これからの時代は、そういう子どもたちに対して、必要な援助ができる人間のネットワークを作っていく力こそ教師の力」ということを言うようにしています。

担任も、教育相談係もネットワークを作る力と、そのネットワークを生かす力が求められる時代になったのだと思います。

第4章
学校教育相談論の歴史と分析

> 私たちは、今どこにいて、どこに向かおうとしているのでしょうか。教育現場の中で困難な実践を積み重ねることに、どのような意味があるのでしょうか。
> この問いにヒントを与えてくれるのが、歴史です。学校教育相談の長い歴史の中に私たちの実践を位置づけるとき、その実践の意味と方向性が見えてきます。それは私たちのアイデンティティを再発見することでもあると私は思います。

1　学校教育相談の歴史的分析

　学校教育相談の歴史についての研究は比較的少なく、大野（1997a、1997b）や『生徒指導資料第21集』（文部省、1990）による分析がもっともまとまったものでしょう。ここでは、これらの分析を参考にしながら、学校教育相談の歴史について、学校教育相談論という視点から新たな分析を試みます。

ミニクリニックモデル

ミニクリニックモデルの概要
　文部省（1990）によれば、学校教育相談は、1955年（昭和30年）頃から、理論的にはロジャースの非指示的カウンセリングに依拠しながら、相談室

での個人カウンセリングを中心とする治療的活動として展開してきました。これをミニクリニックモデルと呼ぶこととします。1965年(昭和40年)頃になると、「教育相談の積極的機能を生かそうとする考えにたった実践がいくつか試みられるようになって」きたようですが、小泉(1987)は、少なくとも1982年(昭和57年)までは、教師カウンセラーの活動の中心は、治療的個人カウンセリングであったとしています。つまり、徐々に開発的な視点の重要性は理解されるようになってはきたものの、実践の主流は依然としてミニクリニック的な治療的活動で、それが1980年代半ばまで続いていたといえます。しかし、このモデルの教育相談は、生徒を甘やかすと批判され、教育相談は学校教育にとって有害という批判を受けることも少なくありませんでした。教育相談担当者は、時としてあからさまな敵意を向けられ、個人的な活動の域を越えて教育相談が定着した学校はごくわずかでした。

ミニクリニックモデルの分析

このモデルの学校教育相談への貢献は、教師による個人カウンセリングの有効性を示したことでしょう。だが、問題点も少なくなく、大野(1997a)は、このモデルの限界として、

(1)学校教育の中での位置づけが明確でない。
(2)大多数の子どもたちへの対応が、姿勢・態度という抽象レベルでしか見えてこない。
(3)予防的視点・開発的視点に乏しい。
(4)このモデルの対象とする適応の問題は学校生活全体の一部の問題にすぎない。

という4点を上げています。

また、神保(1985)は、教育相談の持つ治療的な機能だけに注目したことが、「教育相談の対象を問題行動の生徒だけに限り」「相談教師に任せておけばよいという考え方」を強くし、「全校の協力的な取り組みを阻害してい

た」こと、教育相談のよって立つ理論的基盤が相談心理学なのか臨床心理学なのかを曖昧にしたことによって、「学校教育相談が治療専門機関の出張所のようになった」ことをあげています。

　これらの点については、文部省(1980、1990)も同様の指摘をしています。さらに手塚(1997)は子ども集団に着目し、「個別モデルは集団の教育力を無視していた」ことにその理由を求めています。

　ところで栗原(1993)は、ミニクリニックモデルの教育相談活動を行っている高校の教師、教育相談体制の未組織校の教師、開発的教育相談活動を行っている高校の教師588名の意識調査をもとに、"ミニクリニック校"の教師集団は、「生徒と対話をする傾向が強い」「教育相談の必要性の認識が高い」といった肯定的な傾向があるものの、「教育相談は専門家が相談室等で行うもので一般の教師が行うものではない」「教育相談の手法は反社会的な生徒や一般の生徒には生かしにくい」「生徒指導とは両立しない」「教育相談は集団の秩序を乱す」といった否定的な考え方を持つことを明らかにしています。

　これは、ミニクリニックモデルによる活動が、皮肉なことに、結果として教育相談の定着を阻害する要因となっていることを意味しています。また、この研究では、ほぼすべての点で"開発的教育相談校"の教師集団が教育相談についてもっとも肯定的な反応をしており、開発的教育相談の重要性が示唆されています。

　さらに、下山・峰松・保坂・松原・林・齋藤(1991)は、「心理療法モデルは、治療構造によってクライエントを社会的コンテキストから一旦切り離し、その治療構造の内で生じる状態を利用して治療援助を行うことを基本」とするために、モデル自体が、カウンセリングを行う場から孤立する傾向を内に含んでいると指摘しています。この指摘は、大学生を対象とした学生相談における心理療法モデルの問題を指摘したものですが、学校教育相談におけるミニクリニックモデルの問題にもそのままあてはまる指摘といえるでしょう。

ミニクリニックモデルと学校カウンセリング

以上の指摘からこのモデルの問題点を検討し、そこから得られる示唆をまとめると、おおよそ次のようになります。

① 一部の特別な生徒に偏っている。すべての生徒を対象とすることが望まれる。

② 高度な専門性を要求され、一般的教師には実践が困難である。教師の専門性の範囲のカウンセリング技法であることが望まれる。

③ 受容・共感に終始することは、教育原理にそぐわない。受容・共感に終始するのではなく、学校での日常的教育活動との異質性が強くないことが望まれる。

④ 学校にある教育資源や援助資源をあまり考慮していない。学校にある教育資源や援助資源の利用を視野におさめていることが望まれる。

⑤ 治療的活動に偏りすぎている。開発的、すなわち発達支援的であることが望まれる。

⑥ 心理・社会的適応以外の領域を軽視している。進路・学習などの領域を重視することが望まれる。

⑦ 学校システムという発想に乏しく、閉鎖的である。したがって学校システムから遊離しない、開かれた援助活動であることが望まれる。

両輪論

両輪論の概要

ミニクリニックモデルに次いで登場したのは、「生徒指導と教育相談は車の両輪」(文部省、1980)とする考え方でした。ここでの生徒指導や教育相談は厳密な概念ではなく、厳しさと温かさ、訓育的手法と相談的手法といった相対的なものです。訓育的手法とは、「しかるとか、罰を与えるとかの方法による指示的・操作的な」手法と記されています。また、相談的手法とは、「自己洞察を行い、自らの内に持つ成長の力によって自己を変

容しながら問題を解決していくように援助する過程」として、受容・共感に基づく手法を想定するとともに「このような相談を続けることは、時間と忍耐を必要とし、生半可な気持ちや態度ではできるものではない」ともしています。

この二つの手法は、「生徒指導上互いに補完し合う車の両輪のような関係であり、この二つが一つに重なり合って初めて本来の機能が達せられるもの」で、「どちらを主にして用いるかは、生徒の性格、日常の行動や態度、指導の内容などを十分考えて」判断するべきものとされています。つまり、二つの手法は、一人の教師が合わせ持つべきもので、訓育的教師と相談的教師といった形での分業を想定していません。

両輪論の分析

両輪論は、それぞれの教師が、この二つの手法を、矛盾なく内的に統合できるということを前提とした論理でした。しかし、それは、本当に可能なのでしょうか。

これについて今井(1986)は、「この不連続の指導における姿勢を、一人の教師の心情のなかに、どうして統合できましょう」と述べ、両輪論を批判しています。

両輪論は、生徒指導における訓育的指導と相談的指導の関係を明らかにするとともに、相談的手法の重要性を明確にする役割をはたしました。しかし、伝統的な訓育観とクリニックモデルの相談観が、ほとんど無批判に取り込まれ、それぞれに居場所を与えられているという印象があります。つまり、この両者を批判的に検討し、その上で両者を統合するという視点が欠如しているということです。その意味では、両輪論は、ほとんど何も新しいものを提示していないといってよいでしょう。

両輪論と学校カウンセリング

1980年の時点での文部省は両輪論に立っていましたが、カウンセリン

グについては、ミニクリニックモデルを想定していると考えてよいでしょう。「自己洞察を行い、自らの内に持つ成長の力によって自己を変容しながら問題を解決していくように」「時間と忍耐」によって「援助していく過程」という言葉がそれを裏付けています。しかし、教育相談は、「すべての生徒の能力の伸長や態度の改善のために必要なもの」として位置づけられたこと、訓育的指導との相違が強調されたことにともなって、次のような方向を明確にもつようになりました。

①すべての生徒を対象とする。
②成長発達の促進や能力の伸長といった開発的な側面を重視する。
③相談的姿勢を、教師の持つべき基本姿勢として位置づける。

役割分担論

役割分担論の概要

両輪論でみたように、訓育的手法と相談的手法という二つの手法を、一人の教師が、矛盾なく内的に統合することは実際には困難です。そこでこの二つの手法を、教師集団が分担して担当するという役割分担論がでてきます。

この役割分担論を主張している小林(1984)は、「生徒指導主事を中心とする集団指導の体制と相談教師ないし学校カウンセラーを中心とするこの成長促進の機能は本来別個のもの」とし、さらに、「比較的未発達な児童の教育に際してはこの両機能を合わせ持った担任教師の指導も可能であるが、青年期の教育指導に当たっては、この二重人格的指導は困難になってくる。したがって、中・高等学校段階の教科担任制では、指導教師と相談教師はその性格と機能を異にしているので、両者は独立して密接に連繋しながら指導と助言を与えるのが効果的となる」と述べています。

役割分担論の分析

この役割分担論は、四つの点で問題があると思われます。

第一に、理念としては指導教師と相談教師を分けることは可能でも、現実の生徒とのかかわりのなかでは、どちらかの立場に徹することは困難ですし、効果的でもありません。

第二に、たとえ役割分担が実現したとしても、性格と機能の異なったこの二つの手法を矛盾なく統合する視点がないならば、結局どこかで葛藤は生じることになります。つまり、両輪論では葛藤の次元が個人のレベルであったが、役割分担論では、その葛藤が組織のレベルに置き換えられることになりますから、ほぼ間違いなく、学校や学年のなかに指導教師と相談教師の対立を生むことになるでしょう。

第三に、人格の完成を目指す教育は温かくも厳しく、厳しくも温かい教師によってこそ可能になるのであり、それは、役割を分担することによってではなく、機能的には矛盾するようにみえる二つの側面を一人の教師が統合することによって可能になるのではないかということです。

最後に、両輪論と同様に、この論においては従来の生徒指導と教育相談の原理やあり方がほとんど無批判に取り込まれており、両者の批判的な統合という視点が欠如しているということです。

役割分担論と学校カウンセリング

役割分担論に立つ小林(1984)は、教師は、「相談教師に徹してカウンセリング・マインドを大切にした暖かい受容的な非指示的面接」をすることが望ましいと述べています。この言葉からわかるように、役割分担論が相談的手法として想定しているのは、ミニクリニックモデルと考えてよいでしょう。この役割分担論が実現するには、前提として制度の変更が必要であるため、学校現場では現実的ではありませんでした。

しかし、1995年(平成7年)から試行的に始まったスクールカウンセラー事業は、この役割分担論をにわかに現実味のあるものに変えつつありま

す。すなわち、生徒指導を教師が、カウンセリングをスクールカウンセラーが担うというかたちでの「役割分担論」の再生です。それは、当然ながら役割分担論の抱える問題を伴うし、実際に「連携の難しさ」や「教育相談はスクールカウンセラーにお任せ」といった現象として、すでにあらわれているともいえます。学校教育相談におけるスクールカウンセラーの位置づけや教師の役割を理論的に明らかにすることは、この点からも重要です。

生徒指導の中核論

中核論の概要

両輪論を批判する形で出てきたのが、今井(1986)の「教育相談は生徒指導の中核」とする中核論です。今井は、従来の典型的な生徒指導は、教師や他の生徒、あるいは社会の秩序維持のための指導であったと批判し、訓育的指導にも「生徒に正面から対し、生徒を主体にし、生徒のために叱るという、相談的姿勢が欠かせない」とし、訓育的指導の中核に相談的姿勢を据えました。

ただし、ここで中心に据えられたのは相談的姿勢であり、相談的指導ではないということを見落としてはならないでしょう。この点について今井は、「訓育的指導と相談的指導は、両極として対比させるのではなく、むしろ相談的姿勢を持ったかかわりが、すべての指導に欠かせない」と表現しています。つまり、「生徒に正面から対し、生徒を主体に」するという相談的姿勢を中核に据えるときに、訓育的指導と相談的指導とは、一人の教師のなかに矛盾なく統合されるという視点を打ちだしたのが中核論です。

中核論の分析

この中核論は、両輪論には欠如していた訓育的指導と相談的指導の関係についての見解を示し、一人の教師が矛盾なく訓育的指導と相談的指導を統合するための視点を提示したといえるでしょう。しかし、大野(1997a)

も指摘していますが、中核論は両輪論を乗り越える視点をもつものの、相談的指導それ自体については、訓育的指導との相対的な関係で述べられるだけで、相談的手法や学校教育相談をその活動の内実から明らかにするようなアプローチではありませんでした。この点に中核論の限界があるといえるでしょう。

とはいえ、教育相談と生徒指導との関係を明らかにすることは、いわば歴史的な課題であったといえます。その意味で、両輪論と中核論は、この歴史的課題に応えるための論理であり、学校教育相談の発展と定着にとって必須のプロセスだったとみることも可能でしょう。なお、大野は、両輪論と中核論が生徒指導にはたす教育相談の機能に着目した論理であるため、これらをあわせて、「生徒指導機能論」と呼んでいます。

中核論と学校カウンセリング

中核論は、生徒指導と教育相談の関係を論じたもので、学校教育相談そのものを論じたものではありません。しかし、両輪論や役割分担論が、ロジャース流の非指示的カウンセリングの考え方に立ち、相談的姿勢と相談的手法は不可分一体のものと考えるのに対して、中核論は、相談的姿勢と相談的手法を分けて考え、その上で、一人の教師が相談的手法と訓育的手法を統合しうるのは、相談的姿勢に立つことによってのみであるとします。

ところで、この論理をさらに展開すれば、相談的手法と訓育的手法とは、本質的に異質なものではなく、連続性を持ったものということになります。これは、アイビィ(A. E. Ivey)のマイクロカウンセリングの発想と相通じるものがあります[*1]。多少乱暴な言い方になりますが、マイクロカウ

[*1] マイクロカウンセリングの邦訳本(福原真知子他編訳 『マイクロカウンセリング』 川島書店)が出版されたのは1985年である。なお、今井氏が中核論を論じたのが1986年である。

ンセリングの＜積極的技法＞に相当するのが「相談的姿勢に基づく訓育的指導」であり、＜かかわり行動＞に相当するのが「（相談的姿勢に基づく）相談的手法」ととらえることができるでしょう。言いかえれば、中核論は、受容・共感だけが学校カウンセリングの手法ではないという視点を提示したともいえるでしょう。以上のことから、中核論から導き出される学校カウンセリングへの示唆は次の点にあると思われます。

＊相談的態度と相談的手法を別の次元で考えることで、学校カウンセリングは訓育的手法を含む多様な手法を利用しうる。

カウンセリングマインド論

カウンセリングマインド論の概要

次にでてきたのがカウンセリングマインド論です。この用語の概念については、用いる人によって多少の差が見られますが[*1]、おおよそ、受容・共感といったミニクリニックモデルにおけるカウンセラーの態度的側面を指すものと理解できます。これをカウンセリングだけではなく、教育活動全般の基本姿勢として位置づけたのがカウンセリングマインド論です。

カウンセリングマインド論の学校教育への影響は大きく、たとえば上越教育研究会(1991)は、「カウンセリングマインドによる実践が、教師を変え、生徒指導の現状と課題の克服に力となることを期待したい」としています。ここでは、カウンセリングマインドが、教師の自己変革の理念として、また教育全体の質的変革をもたらす理念としてとらえられています。中教審答申(1997)「幼児期からの心の在り方について」でも、「教員はカウンセリングマインドを身に付けよう」という項目が設けられており、この考え方が広く受け入れられていることが理解できます。

[*1] 村山(1998)のように、この用語の曖昧さが有害であったという指摘をする者も少なくない。

カウンセリングマインド論の分析

このようにカウンセリングマインド論は、カウンセリングマインドが教師としての基本的態度であることを強調し、この態度に基づく教育実践の有効性を明らかにするという方向で展開してきました。両輪論や中核論は、主に生徒指導との関係で教育相談を位置づけるという方向をとりましたが、カウンセリングマインド論は、相談的態度の教育全体にはたす重要性を明らかにすることで、教育相談を教師論や教育論のなかに位置づける役割をはたし、教育相談の一般化に貢献したということができるでしょう。

しかし、カウンセリングマインド論は、学校教育相談とは何かという問いに対して、何らかの方向性を示そうという意図はもともとありません。その意味では、教育相談「論」ではなく、一種の「ムーブメント」と位置づけたほうが、実態により近いといえるでしょう。

カウンセリングマインド論と学校カウンセリング

この論は、学校カウンセリングの技法的側面については何も述べていませんが、この論に基づく実践の広がりは、相談的態度を前提とすることで、多様な手法が生徒の学習と成長の促進に寄与しうることを示しています。このことを再認識する契機を提供したことは、カウンセリングマインド論の貢献でしょう。したがって、このカウンセリングマインド論から得られる示唆は次の点であると思われます。

＊相談的態度に基づく援助は、技法の違いはあっても、多くの領域での生徒の成長発達を促進しうる。

2　学校教育相談観の歴史的総括

　日本の学校教育相談の50年に近い歴史のなかで生まれたさまざまな教育相談観によって、教育相談が、生徒指導や教育活動、あるいは教師の資質とどのような関係にあるのかという点については一定の光を当てられ、教育相談の輪郭が徐々に明らかにされてきました。近年はスクールカウンセラー事業なども始まり、学校教育相談は徐々に定着化の様相を見せています。しかし、課題も多く残されています。

　まず第一に、もし理論を「現実場面に対する批判的検討から生まれた論理体系」であるとするならば、1980年代まで盛んに論じられてきた学校教育相談観は、「理論」というよりはスローガンや「理念」に近いといってよいでしょう。そして、それらの理念は、残念ながら整理統合されることなくいまも混在し、学校現場に葛藤や対立を生んでいるというのが実態です。

　第二に、「理論」の問題では、大野（1997a）の学校現場の実践を基盤とした理論化の取り組みや、学校心理学という概念で学校カウンセリングを理論的を基礎付けようとする石隈（1994、1996）の取り組みがあります。1990年に設立された日本学校教育相談学会も、理論化検討委員会を設置し、1998年夏に「中間まとめ」を報告しました。このような動きは、1990年代は、理念論争から理論化を目指す段階に移行したことを示しています。

　第三に、学校教育相談の「モデル」について代表的なものとしては、國分を中心とした一連のエンカウンター研究[*1]があります。これは、学校教育

[*1] 具体的なプログラムが多く示されている書物としては、國分康孝『エンカウンター』誠信書房、國分康孝監修『教師と生徒の人間づくり　1～4集』瀝々社、國分康孝編『構成的グループ・エンカウンター』誠信書房、國分康孝監修『エンカウンターで学級が変わる1　小学校編』図書文化、國分康孝監修『エンカウンターで学級が変わる2　中学校編』図書文化などがある。

相談に大きな影響を与えていますが、学校教育相談の領域全体からすればごく限られた領域におけるモデルであり、他の領域においては理論的背景を持ったモデルは、きわめて少ないのが現状です。

　教師カウンセラーの実践という視点で考えた場合、現実場面から理論的枠組みを構築し、さらにその理論に基づいて「モデルの欠如」という状況を克服していくことが、今日の学校教育相談の課題ということができるでしょう。それによって、「モデルの不足」による教師カウンセラーの試行錯誤という状況を脱し、実効のある学校教育相談活動を展開することが可能になると思われます。

3　学校カウンセリング観の歴史的総括

　ミニクリニックモデルは、狭義の学校カウンセリングモデルとしては多くの問題があり、そのままでは通用しないことはほぼ明らかです。また、これに続く両輪論や役割分担論も、基本的にはミニクリニックモデルを前提とした論理で構築されており、ミニクリニックモデルを批判的に検討し、新しい学校カウンセリングモデルを構築するという発想が基本的に欠如していました。

　ついで中核論とカウンセリングマインド論ですが、これらの論は、相談的姿勢と相談的手法を区別するという点に共通点があります。これらの論は、姿勢と手法を分けることで、より柔軟な実践を可能にしました。その点で、これら二つの論は、両輪論と役割分担論を越えて、学校カウンセリング論に貢献したといえるでしょう。ただし、カウンセリングマインド論については、学校カウンセリングの専門性を否定する側面があり、その点については、むしろ学校カウンセリングの発展を阻害したとみることも可能です。なお大野(1997 b)は、機能的な視点から両輪論と中核論を生徒指導機能論として一つにまとめていますが、学校カウンセリングの視点から

は、両者は、それぞれ心理臨床モデルと学校臨床モデルに分けられると思います。

　これらの論を学校カウンセリングの視点からみると、ミニクリニックモデル、両輪論、役割分担論の三者は、基本的には「心理臨床モデル」のカウンセリング技法を学校に導入しようとするものであり、これに対して中核論とカウンセリングマインド論は、直接的にはどのようなモデルをも示唆していませんが、相談的態度と多様な技法に基づいた「学校臨床モデル」「発達支援モデル」の成立する可能性を示唆しているともいえます。

4　学校教育相談の現状分析[*1]

スクールカウンセラーの活動と教師カウンセラーの役割

スクールカウンセラー事業の概要

　今日の学校教育相談は、文部科学省や各地方自治体によるスクールカウンセラー事業抜きでは語れなくなっています。彼らの活動は、学校教育相談にどのような光を当てているのでしょうか。

　文部省によるスクールカウンセラー事業におけるスクールカウンセラーの主な職務は、(1)児童生徒へのカウンセリング、(2)カウンセリング等に関する教職員及び保護者への助言・援助とされています[*2]。つまり、児童生徒やその保護者に対しての直接的な援助と、教職員へのコンサルテーションやスーパーバイズという二つの介入方法が併記されています。

　その活動の実態は、クリニックスタイルで活動している者から学校行事

[*1]　『平成7・8年度　スクールカウンセラー活用調査研究委託研究集録』(文部省、1997)や、阿部(1997)、黒沢(1997)、半田(1997)、小林(1997)、目黒(1997)らのスクールカウンセラーとしての報告、藤巻(1997)や清水(1997)らの教育相談担当者としての報告を総合的に分析した。

に積極的に参加する者まで、その人の個性や学校側の対応によってかなり幅があります。中心的な活動は治療的活動で、予防的活動もかなりの割合を占めます。開発的活動はあまり行われていません。一部で講演会などを実施している学校もありますが、学級やグループを対象とした活動は非常に少なく、個人を対象にした活動がほとんどです。そもそもこの事業は、いじめや登校拒否への対策事業ですから、活動実態もそのニーズを反映したものとなっています。

なお、この事業は中教審答申(1998)も非常に肯定的に評価しており、今後、いっそう発展すると考えてよいでしょう。

スクールカウンセラー事業の示す問題

中島・原田・草野・太田・佐々木・金子・蔭山(1997)は、スクールカウンセラーへの期待は、いわゆる治療的ニーズの高い生徒に関するアセスメント、カウンセリング、コンサルテーションといった活動であることを明らかにしています。実際のスクールカウンセラー事業に関する諸報告も、活動実態はその期待にそったものであることを示唆しています。ただし、治療的活動でも、活動の場が学校であることによって限界が生じることも複数の報告によって明らかです(たとえば、保坂　1994；宮腰　1995；、半田　1996)。

ところで、スクールカウンセラー配置校では、さまざまな変化があったことが報告されています。それらの変化のなかで肯定的なものは、①より多面的な生徒理解、②生徒との日常的なかかわり方や姿勢の変化、③生徒に対する援助方法の変化、④担任の心理的負担の軽減、⑤カウンセリングや教育相談に対する理解の深まり、⑥教育相談体制の見直しの進展、とい

[*2] この他、「③児童生徒のカウンセリング等に関する情報収集・援助、④その他児童生徒のカウンセリング等に関し各学校において適当と認められるもの」の2項目がある。この制度の設立状況等は、村山(1998)の『新しいスクールカウンセラー』(ナカニシヤ出版)に詳しい。

う6点としてまとめられるでしょう。

その一方、課題もいくつか提示されています。主要な問題として文部省がまとめているのは、①スクールカウンセラーの役割の明確化と、教職員との役割分担の問題、②情報交換(守秘)のあり方の問題、③スクールカウンセラーの勤務時間・形態の問題の3点です。

特に、「スクールカウンセラーの役割の明確化と、教職員との役割分担の問題」は、もっとも本質的な問題です。文部省は、これまで「治療的教育相談から予防的、開発的教育相談へ」「すべての教師による教育相談」という方向性を示してきましたが、今回の事業は、これまで文部省がとってきた施策とは異質のものです。この事業が、学校教育相談に関する施策の本質的方向転換を意味するのか、それともこれまでの方向に沿ったものでそれを補完するものなのか、文部科学省は何の見解も述べていません。つまり、新たな学校教育相談の方向性は明らかにされないままで、事業が実質的に展開しはじめているのが現状です。こうした状態でスクールカウンセラーが学校に配置されれば、その位置づけと役割をめぐって、混乱状態が生じるのは当然のことといえます。

言いかえれば、学校の中にスクールカウンセラーが配置されたことにより、これまで十分に問われることのなかった「学校教育相談とは、何を目的に、誰が、誰に、何をすることなのか」という学校教育相談の実践的理論の不明確さが浮き彫りになり、その結果、学校現場に混乱をもたらしたということになります。

この点について、八並(1998)は、学校教育相談や生徒指導についての理論(鳥瞰図、マップ)が必要であるにもかかわらず、そうした本質的な検討や制度的な検討をせずにスクールカウンセラーを派遣したことが、問題の発生につながったと指摘しています。

スクールカウンセラー事業からみえる教師カウンセラーの役割
『平成7・8年度　スクールカウンセラー活用調査研究委託研究集録』(文

部省　1997)では、スクールカウンセラー事業の実施以来、教育相談は教師の役割ではなく、したがって教育相談とはかかわらないという動きが教師の中にあると指摘されています。これは、すべての生徒の成長と発達を支援するという方向へ広がりを見せつつあった学校教育相談にとって、明らかにマイナスの動きです。スクールカウンセラー制度が定着の様相を見せつつある今日、このような状況に歯止めをかけるためには、学校教育相談における教師の役割を理論的に明確にすることが、緊急の課題であるといえるでしょう。

　次に、実際の活動レベルでは、スクールカウンセラーの専門性、勤務状況や人数、活動の実態などから、教師が担うべき活動領域として予防的・開発的な領域が浮かび上がってきます。たとえば、進路指導や学習指導といった活動や、ホームルームガイダンスのような集団を対象とした活動などが、その代表的なものといえるでしょう。

学校カウンセリングへの批判

一般的な批判と反論

　ところで、学校カウンセリングには批判的な意見も少なくありません。教育現場に流布している代表的な見解としては、「学校は教育の場であり、治療の場ではない」「カウンセリングは教師の職務ではなく、専門家の領域である」といった学校教育の視点から学校にカウンセリングを導入することを疑問視する考え方です。もう一つは「教育相談は生徒を甘やかす」「教育相談は生徒指導と両立しない」といった生徒指導の視点から教育相談の効果を疑問視する考え方です。

　この批判は、多分に「カウンセリングは治療活動であって教育活動ではない」という前提に立っています。この前提が正しければ、これらの批判は、妥当性はともかく、批判として成立するでしょう。しかし、カウンセリングには治療的機能と教育的機能があり、カウンセリングの教育的機能

に着目するならば、「学校は教育の場であり、治療の場ではない」「カウンセリングは教師の職務ではない」という批判は生じないでしょうし、「教育相談は生徒を甘やかす」「教育相談は生徒指導と両立しない」という批判もほとんど解消するでしょう。

つまり、これらの批判はカウンセリングについての誤解から生じているということになります。

カウンセリングの人間観と社会観への批判

流布している批判とは別の視点で、学校カウンセリングに対して次のような批判と疑問が提出されています。

その第一の批判は、「カウンセリングにおいては、生徒は"問題を抱えた存在"であり、変わるべきは生徒であるととらえる。そして、その問題をあぶり出して、生徒の社会適応を促進する技術がカウンセリングである。したがって、カウンセリングを学校に持ち込むことは認められない」ということであり、カウンセリングの背景にある人間観への不信ととらえることができます。

第二の批判は、「不登校やいじめはまさに学校の問題であり、学校のひずみが子どもに現れているということもできる。にもかかわらず、カウンセリングは、そうした問題を心理的問題に還元してしまい、学校のあり方を問わず、かえって、学校の抱える問題を隠蔽する機能を持っている。したがってカウンセリングは学校に持ち込むべきではない」という指摘であり、カウンセリングの社会観への不信と批判ととらえられます。

しかし、生徒を"問題を抱えた存在"とみる姿勢は、従来の訓育的指導のなかにこそ見られるものであり、開発的カウンセリングが探し出そうとしているのは、生徒の能力や可能性です。また、カウンセリングにおける生徒の「問題」とは、彼らの言い方に沿って言うならば、学校や社会から受けた「被害」であり、その「問題を抱えた生徒」を見いだし、事態が深刻化しないように援助することは、生徒の人間性を否定することではなく、むしろ

尊重することであると言えるのではないでしょうか。

彼らの主張のとおり、「生徒の問題」の「原因」が学校や社会にあるのだとすれば、学校や社会にある「原因」は取り除く必要があります。しかし、同時に「被害者」を援助する必要もあります。その援助の方策がカウンセリングです。「原因」を取り除くことはカウンセリングの役目ではありません。彼らの指摘は、カウンセリングの限界性を極端に拡大して、カウンセリングの全体を否定するという論法であり、「ないものねだり」だと言わざるをえません。

学校カウンセリング批判と学校カウンセリング

とはいえ、これらの批判は、学校カウンセリングの直接の観察者からの批判であり、従来の学校カウンセリングが反省すべき内容を端的に示しているとも言えるでしょう。特にこれらの批判からは、カウンセリングの教育的機能がまったくと言っていいほど理解されていないことが読みとれます。つまり、従来の学校カウンセリングの実践は、カウンセリングに教育的機能があることを十分に示すものとはなっていなかったということです。その結果は、中西(1994)が指摘するような「学校カウンセリングのこれまでの動向は、心の病を癒す手法としてのカウンセリングという考えを固定化してしまった」という状況を生んでしまったのでしょう。

したがって、学校カウンセリングが教育現場からの批判に学ぶべき点は少なくありません。それらをまとめれば、おおよそ次の点でしょう。

①学校カウンセリングは、社会的関係に対して開かれていることが必要である。

②学校カウンセリングは、環境や社会的状況を改善・調整していく視点を持っている必要がある。

③学校カウンセリングは、病理的側面にのみ着目するのではなく、生徒の健康な側面に着目するという基本的姿勢が必要である。

歴史分析と現状分析から見えてくるもの

　学校教育相談観の分析からは、治療的活動として始まった学校カウンセリングが、開発的方向に変化しつつあること、また、方法論の次元でも、心理臨床モデルの限界性に気付き、学校モデルを志向するようになってきたこと、しかし、その具体的なモデルやプログラムとなると、きわめて貧困な状態にあることが理解できました。

　一方、治療にかたよった学校カウンセリングの実践は、学校カウンセリングに対する教師の否定的な認知を形成し、それが開発的カウンセリングの導入と定着を阻害する要因となっていることも理解できました。

　このように学校カウンセリングは、理論的にも実践的にも十分な成果を上げられる状態とはなっていませんでしたが、その一方で、不登校やいじめ問題は緊急の対応を迫られる状況となっており、結局、1990年代半ばからスクールカウンセラー制度が試行的に導入されました。この制度は一定の成果をもたらしていますが、一方で、学校カウンセリングの主体、活動の方向性などについての実践的理論が未確立な状況を露顕させ、かえって混乱をもたらした側面もありました。

5　学校教育相談の未来

　ここまでの分析からわかることは、学校カウンセリングの現在は、活動の主体も、対応すべき問題領域も、めざすべき方向性もまだ不明確なままであるということです。

　とはいえ、歴史は「何をなすべきか」を教えてくれています。また、日本の学校カウンセリングは、この分野の先進国である諸外国の失敗や成功から学ぶ機会が与えられていることは、ある意味では幸運でしょう。

そこで、第1章から第3章と重なるところが多いと思いますが、最後に、まだ霧の中で十分には見えていない学校カウンセリングの将来像について、現在の私の考えを述べてみたいと思います。

(1) 学校カウンセリングは発達支援的活動になる

子どもたちが引き起こすさまざまな問題は、この日本が子どもたちの発達を支援できないような家庭や社会になってきているということです。その影響は、一部の子どもたちに端的に表れますが、すべての子どもたちにも当然その影響は及んでいます。したがって、一部の子どもたちへの手厚い援助活動は当然必要ですが、それは外部機関などとの連携で解決すべきであり、教育機関としては、すべての生徒たちの成長と発達を支援するようなかかわりが中心になるだろうし、そうならなくてはいけないと考えます。

(2) 個別対応ではなくプログラムの運営が中心になる

すべての生徒を対象にした活動は、基本的には集団を対象としたものです。そのためのプログラムが開発される必要があるし、そのプログラムがどのような効果があるのかを吟味する必要があるでしょう。また、子どもたちのニーズを的確に把握するような調査も必要でしょう。

(3) 子どもたち同士の結びつきを強化する

私の経験の範囲内ですが、高校年齢で心理的な問題を呈した生徒の8～9割が「いじめられ体験」を有し、それがいわゆるトラウマとなって心の成長に影を落としています。

このように人間関係は人を傷つけます。だから恐れて人間関係から退却したり、さらに傷つけられないようにかえって攻撃的になったりします。

しかし、人間関係は傷ついた心を癒す強力な力を持つのも事実です。これからの学校カウンセリングは、教師が生徒の心を癒すだけではなく、生

徒同士の人間関係のプラスの交流を促進するようなかかわりをもっと強化していく必要があります。

　その切り口はいろいろあってよいでしょう。本音の感情交流を促進するエンカウンター、自他を大切にするコミュニケーションを学ぶアサーショントレーニング、子どもたち同士の助け合う関係を促進するピアサポート、人間関係のスキルに焦点を合わせたソーシャルスキルトレーニング、対立の問題を効果的に解決に導くプロジェクトアドベンチャー、グループとグループ内の個人の成長に有効なTグループ、人間関係づくりゲーム、相互理解と衝動コントロールに焦点を合わせたセカンドステップなどいろいろあります。こうしたものを「教育という目標」「学校という場」「生徒という対象」「教師という主体」という視点からフィルターにかけ、さらにそれを実践の状況に合わせてアレンジして生徒たちに提供していくことが、これからの学校カウンセリングの中心的課題の一つになると私は考えています。

(4)進路発達を支援する

　子どもたちの中心的な悩みは進路の問題です。将来に夢が描けない、描いてもその実現の道筋がわからないなどいろいろあります。進路指導は「出口指導」ではなく進路発達の促進であり、生き方の教育でもあります。この領域で学校カウンセリングがなすべき仕事は多くあります。これまでの学校カウンセリングは、心理・社会的発達にばかり目が向いていたように思います。それは必要不可欠ですが、目をすべての生徒の発達課題である「進路発達」に向けることが重要性を増すでしょう。

　進路発達の援助とは、大まかには「①自己理解、②進路情報の獲得と利用、③啓発的体験などを基盤として、④進路カウンセリング・ガイダンスの中で⑤自己決定を援助していく過程」ととらえることができます。この中のたとえば、①自己理解や④進路カウンセリング・ガイダンスの領域では学校カウンセリングにできることはきわめて多いし、その役割を果たし

ていくことが必要でしょう。

(5) 学習を支援する

　学校カウンセリングの守備領域が心理・社会的発達だけではなく、進路発達の支援にまで及ぶことは間違いないと私は思っていますが、学習の領域をどこまでカバーすることを求められるようになるのかは、今のところ私もよくわかりません。ただ、アメリカのスクールカウンセリングの目標は、学習の支援にあることが明確なようです。

　振り返って日本の現状を見たとき、LD（学習障害）、ADHD（注意欠陥多動障害）、アスペルガー症候群などが注目されはじめたのはごく最近であり、しかも通常学級に所属している場合が多く、十分な支援を受けているとは言いがたい現状があります。こうした生徒たちが十分な支援を受けられるような体制を作っていくことは、学校カウンセリングがこれまで見落としてきましたが、きわめて重要な役割の一つです。行政的な努力を期待する一方で、学校においても第3章で述べたIEPの作成とその実行（67頁）が重要な役割になるであろうと思います。

　また、特別な援助ニーズをもつ生徒だけでなく、効果的な学習スキルの獲得や、学習が社会で仕事をしていく上でもつ意義の理解など、すべての生徒を対象とした援助も必要でしょう。特に学力は、従来、知識・技能だけではなく、生涯学習を支えるための「学ぶことへの意欲・関心・態度」を含むより広い概念に変わりつつあります。いま「学力」の向上に学校カウンセリングが貢献できる可能性は拡大していますし、それはこれからの重要な活動になるであろうと思います。

(6) 治療的ニーズには見立ての力とケースマネージメント

　これは第3章で触れた内容ですが、治療的なニーズについては、「治療的カウンセリングの力」を付けるより、「見立ての力」と「ケースマネージメントの力」のほうがより重要になると考えます。また、ケースマネージメ

ントの軸として必要になるのがIEP（個別教育プログラム）であり、IEPの立案能力も必要になるでしょう。これからの研修は、これらの力を育てる方向でやったほうがよいと思います。

(7) 組織にかかわる

当たり前のことですが、学校カウンセリングを運営するためには、活動が職員集団に認知される必要があるし、校内組織が学校カウンセリングを展開しやすい形になっている必要があります。

しかし、現実には多くのニーズがあるにもかかわらず、教職員の十分な理解はなく、校内組織も不十分で、適切な組織的対応ができればケアできたかもしれない生徒たちを、いわば「見殺し」にしてしまった体験を多くの教育相談係はもっているのではないでしょうか。

学校カウンセリングの必要性は今後ますます高まっていくでしょう。その変化に学校と教職員が対応できるかどうかが問われることになると思います。教育相談係の仕事は、学校カウンセリングの成果を評価し、それをデータ化し、必要な対応と組織のあり方を説得力のある提案にまとめて学校に提示することで、学校システムと教職員の意識を改革していくことにあると思います。

(8) 危機介入という視点をもつ

これまで学校が想定してきた「危機」とは、主として自然災害や火災などでした。しかし、皮肉なことに黒磯市教師殺傷事件、神戸市少年少女連続殺傷事件、池田小学校事件などの事件を通じて、日本でも心のケアに対する関心も徐々に高まってきているようです。

ところでこのような「大事件」ではなくても、両親の離別、友人や親の自殺、事故、虐待、暴言や暴力やいじめ、妊娠などの事態は日常的に起こりうることであり、当該生徒にとっては心のキャパシティを超えた「大事件」であり、大きなマイナスの影響を受ける出来事です。問題が大きければ教

師や学校も危機的な状態におちいります。

　こうした事態に対して、これまでの学校はほとんど無策だったように思います。しかし、これからの学校カウンセリングは、こうした事態への対応をも含むものとなっていく必要があるでしょう。

(9)学校カウンセリングは教師を中心に連携をとりながら進める

　みなさんは「学校カウンセリングの将来像(1)～(8)」を読んで、このような学校カウンセリング活動を担うのは一体誰が適当だと思われたでしょうか。

　考えられる担い手は、スクールカウンセラーということになるかもしれません。しかし、現状のように非常勤勤務であったり、職員会議に日常的に出席できないような状態では、これらの仕事を担うことはできないでしょう。また、彼らの専門性は臨床心理学(英語でClinical psychology)です。

　また、(1)～(8)で述べたような「総合的学校カウンセリング活動」を推進していくためには、臨床心理学、教育心理学、発達心理学、障害児心理学、社会心理学、学校教育学、精神保健などを統合的に学んでいる必要があります。現在のスクールカウンセラーの専門性は、これらのごく一部を構成している臨床心理学のみであって、そのような専門性しか持ち合わせていないスクールカウンセラーが「総合的学校カウンセリングの実践」を求められたとしても対応できなくなるのは当然です。

　もちろん、こうした問題点に対して臨床心理士協会が無策なはずもなく、何らかの改善策を行うでしょう。それでも公立学校は中学校だけでも1万校あり、そのすべてに力量のある臨床心理士を配置するには莫大な予算と時間がかかります。ましてや小高を加えたすべての公立学校4万校となると、その実現は現在のやり方では無理でしょう。

　こうしたスクールカウンセラーの現状を考えると、学校カウンセリングの中心は、やはり教師であると考えたほうがいいだろうと思います。ただ、スクールカウンセラーが「学校カウンセリング」を担うのに十分な専門性を

持ち合わせていないように、教師も十分な専門性を持ち合わせていません。高度な研修の機会を得て専門性を身につけた教師がいるのも事実ですが、それにしても4万人もいるわけではありません。ただ、常勤であり、職員会議などにも提言ができ、教育課程にもかかわることができ、予算も動かすことができる立場は、やはり教師です。だとすれば、不十分かもしれませんが、学校カウンセリングに志を抱きかかわっている教師を中核にしながら、スクールカウンセラーや心の教室相談員、医療機関、大学の研究者などとチームを組んで、子どもたちの問題にかかわっていくのがもっとも現実的なあり方だろうと思います。

最近の動向から

(1)コーディネート機能の強調

21世紀に入って、文部科学省は、『今後の不登校への対応の在り方について（報告）』(2003a)のなかで、「中心的かつコーディネーター的な役割を果たす教員を明確に位置付けることが必要」と述べました。同じく、『今後の特別支援教育の在り方について（最終報告）』（文科省、2003b）のなかでも「特別支援教育コーディネーター（仮称）を明確に位置付けることが重要」と述べ、少年非行については、『心と行動のネットワーク』(2002)のなかで、学校と関係機関等とは情報連携から行動連携へと連携の在り方を発展させるべきであると指摘しています。さらに、進路指導の領域においても、『児童生徒一人一人の勤労観、職業観を育てるために』(2004)のなかで、「キャリア教育を推進する上で……コーディネート（調整）能力を有する教員の養成が求められる」と述べています。

これらの報告で共通して強調されているのは、学校におけるコーディネート機能の重要性です。学校教育相談の実践において、個人的実践が重要なことは言うまでもありませんが、それだけでは十分ではなく、これからは、チームとして動くこと、その際にコーディネート機能を十分に果た

すことが求められているということです。

(2)教育相談の「制度」的見直し

また，スクールカウンセラー制度が2006年度からは原則的に全中学校配置となります。2004年度からは，小学校に「教育相談体制の充実」を目的として「子どもと親の相談員」を配置する事業が始まりました。この事業は調査研究事業ですので，今後どうなるかははっきりしたことは言えませんが，このような外的資源の導入が中学校から小学校へと拡大する動きは恐らく今後も拡大するものと思われます。注目すべきは，これらの動きがすべて制度の変更を伴う点です。先にあげた『心と行動のネットワーク』（文科省，2002）のなかでも，心の問題についての「養護教諭の複数配置やスクールカウンセラーの配置の拡充」「教職員がチームを組み児童生徒の心の相談・指導を行う体制づくり」「地域のネットワークを活用した学校と関係機関の専門家による対応」などの重要性が指摘されています。

(3)教育としての学校教育相談へ

ここ数年，1990年代までにはあまりみられなかった実践が日本各地で見られるようになってきました。例えば，選択科目の中にカウンセリングそのものを授業として行った実践，「総合的な学習の時間」を活用してピア・サポートなどの教育相談をルーツとした活動を行った実践，アサーションや傾聴の理論や技法を生かしたコミュニケーション訓練を国語や社会などの授業に取り入れた実践，キャリアの視点からライフスキル教育を全校的に取り入れた実践などをその例としてあげることができます。

これらの実践の特徴は，「教育課程のなかで」「意図的・計画的に」「教育そのものとして」展開されているということです。こうした実践を知るたびに，もはや「心の病を癒す手法」としての学校教育相談ではなく，「教育としての学校教育相談」を構築すべき時代がやってきたと感じます。

これからの学校教育と学校教育相談

最後に新たな学校教育相談を創造するために、私たちに必要なものは何でしょうか。

(1)生徒指導と教育相談を統合する視点

学校現場ではいまだに生徒指導と教育相談を対立的にとらえる考え方が根強く、時として教職員集団に対立や分裂をもたらすことさえあります。

生徒指導と教育相談を統合する視座はないのでしょうか。私は、「理解と方法」という視点を導入することが有益だと考えています。

少々考えていただければわかると思いますが、「生徒指導と教育相談」に関する論議における「生徒指導」とは、実は「訓育的指導方法」という程度の意味であり、「教育相談」とは「受容共感的支援方法」という程度の意味でしかありません。つまり、生徒指導と教育相談を巡る論議は、生徒へのかかわりはどのような「方法論」で行うべきかという論議なのです。

では、どのような方法論が有効でしょうか。

当然のことですが、どんな状況やどんな生徒にも妥当する指導方法などありえません。的確な指導とは、その時々の状況や生徒の実態を踏まえた、つまり「的確で多面的な理解」に基づいた指導だからです。この「的確で多面的な理解」とは主観的理解だけではなく、「診断的理解」や生徒の内的世界に対する「共感的理解」を含む必要があります。そして、この診断的理解や共感的理解のためには、教育相談的態度、技法、理論は必須になるのです。

このことが理解されたとき、生徒指導と教育相談の無意味な対立構造は解消するでしょう。そして実際にそのための理論と技法を多く教師が身につけたとき、真に豊かな生徒指導が可能になるのだと思います。

(2)アセスメントのための理論的な力

　教師は「今，目の前にいるこの生徒をどうしたらいいか」という強い思いをもっているため，どうしても「対処方法」に関心が傾く傾向があります。もちろんそれは大切なことですが，本当はそればかりではなく，的確な理解（アセスメント）をするための「知識と理論」が大切だと私は考えます。それは，「どう理解したらいいのか」と困っている同僚のニーズに応える際に役立ちますし，とりわけ教職員の共通理解の形成には不可欠だからです。そのためには，交流分析，認知理論，精神分析などの体系的な理論や，精神医学に関する基礎知識，不登校やいじめなどについての知識を学ぶことが役に立ちます。

　残念なことに「学校教育相談の基盤となる理論体系」は確立していません。ただ，それが臨床心理学だけではなく，発達心理学や認知心理学，精神医学，社会学，教育制度をはじめとする学際的なものであることは明らかです。こうした諸理論や知識を学びながら，同時にそれらを実践家の目で取捨選択し，実践的理論家との協働によって学校教育相談の理論体系を構築していくことも私たちに課せられた課題と言ってよいでしょう。

(3)マネージメントの力

　これからの学校教育相談は「チーム」や「ネットワーク」による「協働」が重要になります。そのとき，教育とカウンセリングの両方に理解がある私たちがコーディネーターとして果たすべき役割は大きいと言えるでしょう。また，昨今の動向にもあるように，今後，予防的・開発的プログラムの開発や実践が進展すると，そうした活動と他の教育活動とのバランスをとりながら教育課程に位置づけ，必要に応じてシステムを整備し，実施のプロセスを適切に管理運営することが必要になります。

　これは「人のマネージメント」と「活動のマネージメント」の必要性を意味しています。すなわち，学校の目標との関係を踏まえながら教育相談活動の達成可能な具体的目標（ゴール）を設定し，＜人・金・物・情報＞

という資源を最大限に活用する計画を作成して、業務が効率的に進むように指揮・統制する力—マネージメントの力—が教師カウンセラーにも求められることを意味しています。

このような発想は、個別のケアに心を砕く教師には苦手な分野かもしれません。しかし、学校教育相談の発展を阻害してきたのは、実はマネージメントの発想や力が弱かったからとは言えないでしょうか。学校教育相談の社会的使命を果たし定着を促進するためにも、私たちはマネージメントの発想を学ぶことを自らの課題としたいものです。

(4) 実践を検証し、継承する力

学校教育相談の実践は数十年間にわたって続けられてきましたし、現在も全国にはすぐれた実践家が本当にたくさんいます。ただ、私が残念に思うのは、その実践が検証されることなく、一種の職人芸になっているということです。これは職人芸を否定しているのではありません。ただ、職人芸は「秘訣」によって可能になるものですが、残念ながら「秘訣」には公共性がありません。したがって広がらないのです。

私は、その職人芸のどこがどのようにすばらしいのか、その職人芸は何によって可能になるのかを何らかの形で検討・検証（リサーチ）し、その結果を公開の場で発表していくことが必要と考えています。そうすることで、職人芸は公共性をもち、教師カウンセラー全体の財産になり、学校教育相談の発展を支えるものとなるからです。地域の研究会や学会はそのための場です。そうした場に所属し、相互に刺激しあいながら共に成長しようという思いをもちたいものです。

(5) プライド・想像力・創造力

新任の頃、何も知らないままに教育相談担当となった私は、「何が教育相談担当の仕事なのかわからず、やっていることに自信がなく、教えを請おうとする」時期が長く続きました。いろいろなところに出向いて研修を

受けたり，本を読んだりもしました。しかし，振り返ってみると，一生懸命に取り組んではいたものの，当時の自分が忘れていたことがありました。

それは「実践家としてのプライド」と「自分が実践を作るという意識」でした。理論家の仕事が理論構築だとすれば，理論家が実践家に「どうやって理論を構築したらいいか」と教えを請うのはおかしいことです。それと同様に，実践を構築するのは実践家の仕事である以上，実践家が「どうやって実践したらいいか」と理論家に教えを請うのはおかしいことなのです。自分の学校と生徒をもっともよく知り，もっとも深く関与できるのは自分であり，学んだ知識や理論を目の前の生徒や現実の状況に適用し，実践を構築するのは他ならぬ自分なのです。

求められるのは，謙虚に学ぶこと，しかし実践家としてのプライドを忘れないこと，そして想像力と創造力を駆使して実践を創造するのは他ならぬ自分であることを忘れないこと。教育相談に携わる教師としてのアイデンティティが問われているのだと思います。

(6)教育相談に関わる力量形成

最後に，養成の問題について触れておこうと思います。

今日の子どもたちが直面している課題に適切に対応するだけの専門性をもつためには，可能であれば大学院等での研修を受けるに越したことはありません。ただ，現状ではこうした研修を受けた人はごく少数です。通常は各自治体の教育センター等での研修に頼ることになるわけですが，予算や日数等の厳しい制限により，ここでの研修だけではニーズに十分に応えるには無理があります（栗原他，2005）。教育相談に関わる指導主事の人事においても，専門性を十分考慮している自治体は少ないのが実態です。もし教育行政が，不登校，特別支援，非行問題等にかかわるコーディネーターの役割を教師に期待するのであれば，その力量を形成するに十分な研修の機会と内容を提供するのは教育行政の役割ですし，そのために鋭意努力されることを期待します。

しかし，私たちのなすべきことは，それを行政や誰かが実現してくれるのを待つことではありません。数年前，私はアメリカのスクール・カウンセラーが，「心の専門家」ではなく「発達という領域における教育の専門家」というアイデンティティをもっていることを知りました。もし，私たちが，今日の子どもたちが抱える課題に的確に応えられるだけの「学習とキャリアと個人的・社会的発達という領域における教育の専門家」をめざすのならば，私たちがなすべきことは，今あるところで何ができるか，何を学ぶ必要があるかを考え，それを実行することですし，そのような教師でありたいと思うのです。

(7) 学校教育相談と学校教育相談を担う先生方への期待

13万人を超える不登校は，子どもたちがたくましさを失い，人間関係に脆くなった結果と考えることができるでしょう。しかし，この問題は，「13万人を超える子どもたちが学校に不適応を起こしている」のではなく，「学校と教師が，子どもたちに対して不適応状態に陥っており，13万人の子どもが学校に来られない状況を作っている」とみることも可能です。もちろん，学校だけに原因があるとは考えていませんが，それにしても，このような視点から不登校やいじめ問題をとらえ，学校の在り方を見つめ直す必要はあるのではないでしょうか。そうでもしないかぎり，子どもたちは学校を拒否し続けるかもしれないのです。

冷静に見れば，いじめや不登校は「心の問題」であると同時に，「学校教育全体の問題」が存在していることを示唆するものと言えるでしょう。こうした状況に対して学校教育相談は多くの貢献ができる，と私は考えています。彼らの「心のケア」はもちろんですが，それと同時に，彼らの声なき声に耳を澄まし，「学校教育全体の問題」の輪郭を浮き彫りにすることができるからです。そして彼らの声なき声に誠実に対応し，「浮き彫りになった事柄を生かして学校教育を再構成する」ために，その理論と技法を生かしていくことが可能だからです。

もちろん学校教育相談だけで，問題を解決できるはずがありません。ただ，学校教育相談なしで問題の本質をつかみ，学校教育改革ができるとも思えないのです。

　将来，学校教育相談が実際にどのような方向に進むのかは，私には予見できません。しかし，学校教育相談が，単なるいじめ・不登校対策ではなく，今日的な諸問題の抜本的解決をめざし，子どもたちの明るい未来の創造に寄与する包括的・総合的教育活動として日本に根付くことを願ってやみません。

　そして，そのような「新しい学校教育相談」を創造するために，この拙文を読んでくださった方々の中から，志をもって大学院等で学ぶ先生方，現場にこだわりながらも理論的裏付けのある実践を生み出す先生方，また，教育行政の世界に入って学校教育相談の発展を支える先生方が多く出られることを期待しています。

引用・参考文献

- American school counselor associations 1997 The national standards for school counseling programs（中野良顯訳　2000　『スクールカウンセリングスタンダード―アメリカのスクールカウンセリングプログラム国家基準』図書文化）
- 阿部真里子　1997　「公立高校にスクールカウンセラーとして勤務して」『日本心理臨床学会第16回大会発表論文集』　470-471.
- 中央教育審議会　1997　「幼児期からの心の教育の在り方について」答申『中等教育資料』10月号　大日本図書　34-133.
- ダリル・ヤギ　1998　『スクールカウンセリング入門―アメリカの現場に学ぶ―』　勁草書房
- G. D. ピッチャー・S. ポランド　上地安昭・中野満寿美訳　『学校の危機介入』　金剛出版
- 半田一郎　1996　「公立中学校での学校カウンセラーとしての体験」『こころの健康』11(2)　18-23.
- 半田一郎　1997　「スクールカウンセリングモデルの実践的考察」『日本カウンセリング学会第30回大会発表論文集』　410-411.
- 保坂一己　1994　「スクール・カウンセラーの在り方について」『東京大学教育学部心理教育相談室研究紀要』16　93-105
- 藤巻恵　1997　「スクールカウンセラー試行後の相談係のあり方」『月刊学校教育相談』6月号　ほんの森出版　24-33.
- 今井五郎　1986　「学校教育相談の概説」　今井五郎編著　『学校教育相談の実際』　学事出版　8-32.
- 石隈利紀　1994　「スクール・サイコロジストと学校心理学」『教育心理学年報』33　144-154.
- 石隈利紀　1996　「学校心理学に基づく学校カウンセリングとは」『カウンセリング研究』29　226-239.
- 石隈利紀　1999　『学校心理学―教師・スクールカウンセラー・保護者のチームによる心理教育的援助サービス』　誠信書房
- 上越生徒指導研究会編著　1991　『実践研究・個を生かす生徒指導』　教育開発研究所
- 神保信一　1985　「学校教育相談とは」　藤原喜悦・高野清純・稲村　博編『学校教育相談の基本』　教育出版　1-18.
- 河井芳文　1985　「学校教育相談の現状と課題」　藤原喜悦・高野清純・稲村　博編　『学校教育相談の実際』　教育出版　1-17.

- 小林利宣　1984　「生徒指導と教育相談」　小林利宣編　『教育相談の心理学』　有信堂　113-123.
- 小林弥生　1997　「単位制高校におけるスクールカウンセラーの役割」『日本カウンセリング学会第30回大会発表論文集』　350-351.
- 小泉英二　1987　「学校におけるカウンセリングの実際」『児童心理』vol.8　17-23.
- 國分康孝　1994　「学校カウンセリングへの3つの提言」『こころの科学』58　日本評論社　14-16.
- 近藤邦夫　1995　「スクールカウンセラーと学校臨床心理学」　村山正治・山本和郎編　『スクールカウンセラー―その理論と展望』　ミネルヴァ書房　12-26.
- 栗原慎二　1993　「川口青陵高校での九年間の教育相談活動」『月刊学校教育相談』11月号　ほんの森出版　28-39.
- 栗原慎二　2001　『ブリーフセラピーを生かした学校カウンセリングの実際―短期学校カウンセリング5段階モデルの提案』　ほんの森出版
- 黒沢幸子　1997　「スクールカウンセラーの多次元システム統合援助活動による学校変容」『日本心理臨床学会第16回大会発表論文集』　146-147.
- 教育改革国民会議編　2000　教育改革国民会議報告『教育を変える17の提案』内閣官房教育改革国民会議担当
- 目黒達哉　1997　「学校カウンセリングの現状と課題―ある工業高校の場合―」『日本カウンセリング学会第30回大会発表論文集』　354-355.
- 宮腰　孝　1995　「高等学校における学校カウンセリングのあり方」『宮城教育大学紀要』30(2)　121-133.
- 文部省　1980　『生徒指導上の問題についての対策―中学校・高等学校編―』文部省印刷局
- 文部省　1990　『学校における教育相談の考え方・進め方―中学校・高等学校編―』　文部省印刷局
- 文部省　1997　「平成7・8年度スクールカウンセラー活用調査研究　委託研究集録」『中等教育資料』12月号臨時増刊　大日本図書
- 村山正治　1998　『新しいスクールカウンセラー　臨床心理士による活動と展開』　ナカニシヤ出版
- Myrick, R. D. 1993 *Developmental guidance and counseling : A practical approach. (2 nd ed.)* Minneapolis : Educational Media Corporation.
- 中島義実・原田克己・草野香苗・太田宣子・佐々木栄子・金子篤子・蔭山英順　1997　「義務教育現場における教員の期待するスクールカウンセラー像」『心理臨床学研究』15(5)　536-546.
- 中西信男　1994　「学校カウンセリングの基本問題―隣接分野との異同および関係―③生徒指導」『こころの科学』58　日本評論社　24-25.

- 大野精一　1997　「学校教育相談とは何か」『カウンセリング研究』30　160-179.
- 大野精一　1997a　『学校教育相談―理論化の試み』　ほんの森出版
- 大野精一　1997b　『学校教育相談―具体化の試み』　ほんの森出版
- 大野精一　1997c　「スクールカウンセリングと教育相談の異同」　國分康孝監修　『スクールカウンセリング事典』　東京書籍　34.
- 清水　保　1997　「スクールカウンセラーから何を学んだか」『月刊学校教育相談』6月号　ほんの森出版　34-39.
- 下山晴彦・峰松　修・保坂　亨・松原達哉・林　昭仁・齋藤憲司　1991　「学生相談における心理臨床モデルの研究－学生相談の活動分類を通して」『心理臨床学研究』9(1)　55-69.
- 田畑　治　1994　「学校カウンセリングの基本問題―隣接分野との異同および関係―④教育相談」『こころの科学』58　26-28.
- 手塚光善　1997　「学校におけるカウンセリング―教師の使えるカウンセリング―」『カウンセリング研究』30　68-84.
- 上地安昭編著　2001　『学校の時間制限カウンセリング』　ナカニシヤ出版
- Wittmer, J. 1993 *Managing your school program : Developmental strategies.* Minneapolis : Educational Media Corporation.
- 鵜養美昭　1995　「スクールカウンセラーとコミュニティ心理学」　村山正治
- 山本和郎編『スクールカウンセラー――その理論と展望』　ミネルヴァ書房　62-77.
- 八並光俊・大野精一　1998　「平成7・8年度スクールカウンセラー活用調査研究の結果を考える」『月刊学校教育相談』7月号　ほんの森出版　44-52
- 栗原慎二　2005「学校カウンセリングの充実と教師カウンセラーの養成」上地安昭編著『教師カウンセラー――教育に活かすカウンセリングの理論と実践』金子書房
- 栗原慎二・神山貴弥・利田亨次・林田正彦・本田千惠・戸野　香　2005「現職教員の生徒指導・教育相談の力量形成のための研修プログラムに関する研究」『学校教育実践学研究』11, 13-24.
- 文部科学省　2002『心と行動のネットワーク―心のサインを見逃すな、「情報連携」から「行動連携」へ―』
- 文部科学省　2003a『今後の不登校への対応の在り方について（報告）』
- 文部科学省　2003b『今後の特別支援教育の在り方について（最終報告）』
- 文部科学省　2004『児童生徒一人一人の勤労観，職業観を育てるために（報告）』

おわりに

　この本は、前任校の埼玉県立川口青陵高校、現任校の越谷東高校で、教育相談係の先生方とともに取り組んできた十数年間にわたる実践を土台にして書かれています。執筆したのは私ですが、ここに書かれていることはすべて、「私の実践」ではなく、「私たちの実践」であることをまずご理解ください。

　私たちは、普通の高校で、普通の教師が、授業も担任も部活動も担当しながら、また、研究指定を受けたり、授業時間の特別な軽減などもなく、ごく普通に校務分掌の一つとして教育相談に取り組んできました。ですから、「これは本当はやったほうがいいんだろうな」「やってみたい」「効果はあるだろう」と思うような事柄や技法でも、「普通の学校で、普通の教師がやる学校教育相談の活動としては、突出しすぎているのではないか」と感じるものは、あえてやらなかったり取り入れてきませんでした。"普通の学校での、普通の教師による、普通の実践"にこだわってきたということです。ですから、この本には、ある意味では突出した実践は何一つ書かれていません。それは、多少年数はかかるけれども、どこの学校でも、学校規模や校種、特徴などによって実践形態には差はあっても、この程度の実践は可能であることを意味しています。

　こう書くと、「そうは言っても、実際にはむずかしい」という声が聞こえてきそうです。それは、半分頷けますが、半分は「そうでもないですよ」と言いたくなる自分がいます。というのは、ここに書いたような活動をしていくためには、基盤として管理職や教職員の理解を得ることが必要になるわけですが、この本で紹介したようなシステムや実践が、紆余曲折はあったとはいえ学校で展開されているという事実は、おそらく多くの教職員や

学校は、その必要性を少なからず認識しているということを示唆していると思うのです。そして、そうだとすれば、あとは係がどのような教育相談活動と体制を提供するかにかかっているのだと思います。

　もちろんそのためには、時間と努力と理解者が必要です。また、毎年相当数の職員の入れ替えがありますから、システムができあがったら終わりというわけにもいきません。教職員の理解を維持し続ける努力や実践を通じて係への信頼を向上させること、システムを機能させ続けることなどが必要です。そのためには、相談係がチームを組み、喜びや苦しみを共有しながら協働の体験を積み上げ、共に成長していくことが、基盤として必要であると思います。そうした取り組みを続けていくときに、少しずつではあれ理解者は増え、係が機能する学校が増え、日本に学校教育相談が根付くのではないかと思います。

　振り返ってみれば、十数年前、学校教育相談にかかわっていることだけでネガティブな視線を向けられるような時代がありました。それを考えると、今日の学校教育相談に対する社会的関心や期待は、私にとっては驚きですらあります。当時と比べて、係としての活動は格段にやりやすくなってきています。学校教育相談にとっては、順風の時代がやってきたとも言えるでしょう。しかし、それは、成果を上げられなければ言い訳のできない状況におかれていることをも意味しています。学校教育相談は、その真価を問われる時代になった、私たちの正念場がやってきたということです。

　本書を書くに当たり、何人かの方々に格別なご協力をいただきました。同僚の川俣邦彦教諭にはグループ面談の部分について多大な協力をいただきました。また、春日部高校の田中將之教諭には、いったん書き上がった原稿に目を通していただき、私が見落としていた点を指摘していただきました。また、ほんの森出版の佐藤敏氏にも内容のブレや用語の不統一など

をご指摘いただきました。心から御礼申し上げます。また、学校教育相談にともに取り組んできた「同志」である先生方、理解と協力を示してくださった同僚や管理職に、心から感謝します。

　この本が学校教育相談にかかわっている多くの方々の参考になり、学校教育相談の発展に多少なりとも資することができれば、望外の喜びです。

2002年6月22日

　　　　　　　　　　　　　　　　　　　　　　　　　栗原　慎二

〈著者紹介〉

栗原　慎二（くりはら　しんじ）
広島大学大学院教育研究科附属教育実践総合センター教授
1959年青森県生まれ。埼玉大学教養学部教養学科（思想哲学コース）卒業後、同大学院文化科学研究科修士課程修了。その後、社会科教諭として18年間埼玉県内の公立高校に勤務。教育相談とは教師生活の始まりとともにかかわる。その間、兵庫教育大学大学院学校教育研究科（生徒指導コース）修士課程修了。博士（学校教育学）。

〈主な著作・論文〉
『ブリーフセラピーを生かした学校カウンセリングの実際』（ほんの森出版 2001）、『ピア・サポート実践ガイドブック』（編著 ほんの森出版 2008）、『児童・生徒のための学校環境適応ガイドブック』（編著 協同出版 2009）、『アセスの使い方・活かし方』（編著 ほんの森出版 2010）、『「難しい親」への対応』（監訳 溪水社 2010）、『やってみよう！ ピア・サポート』（編著 ほんの森出版 2011）、『いじめ防止6時間プログラム』（編著 ほんの森出版 2013）
『学校の時間制限カウンセリング』ナカニシヤ出版、『教師カウンセラー』金子書房（以上、分担執筆）ほか
「学校におけるカウンセリングの動向と今後の方向性—ブリーフカウンセリングを中心に」（2001、上地安昭と共同執筆『カウンセリング研究』）、「学校における短期カウンセリングモデルの研究」（2002『カウンセリング研究』）、「学校カウンセリングにおける教員を中心としたチーム支援のあり方」（2006『教育心理学研究』）

新しい学校教育相談の在り方と進め方
——教育相談係の役割と活動——

2002年9月25日　初　版
2015年4月1日　第5版

著　者　栗原　慎二
発行者　小林　敏史
発行所　ほんの森出版株式会社
〒145-0062　東京都大田区北千束3-16-11
TEL03-5754-3346　FAX03-5918-8146
http://www.honnomori.co.jp

印刷・製本所　電算印刷株式会社

Ⓒ　KURIHARA Shinji　2002
落丁・乱丁はお取り替えします　ISBN978-4-938874-31-5　C3037